Début d'une série de documents
en couleur

MÉMOIRES ET TRAVAUX

PUBLIÉS PAR DES PROFESSEURS
DES FACULTÉS CATHOLIQUES DE LILLE

Fascicule VII

L'ORIGINE DES MENSES

DANS LE TEMPOREL
DES ÉGLISES ET DES MONASTÈRES DE FRANCE
AU IXe SIÈCLE

PAR

Emile LESNE

PROFESSEUR A LA FACULTÉ LIBRE DES LETTRES DE LILLE

LILLE
René GIARD, libraire-éditeur
2, rue Royale

PARIS
Honoré CHAMPION, libraire-éditeur
5, quai Malaquais

1910

MÉMOIRES ET TRAVAUX

DES FACULTÉS CATHOLIQUES DE LILLE

Fasc. I. — E. Lesne : **La hiérarchie épiscopale,** *provinces, métropolitains, primats en Gaule et Germanie* depuis la réforme de saint Boniface jusqu'à la mort d'Hincmar (742-882) xv-350 p. — 1905.......................... **6** »

Fasc. II. — A. Delplanque : **Saint François de Sales** *humaniste et écrivain latin*, xii-176 p. — 1907.......... **3 50**

Fasc. III. — H. Dehove : **Essai critique sur le Réalisme thomiste** *comparé à l'Idéalisme kantien*, xi-235 p.— 1907 **6** »

Fasc. IV. — A. Delplanque : **Fénelon et la doctrine de l'amour pur** *d'après sa correspondance avec ses principaux amis*, xxvi-470 p. — 1907......................... **10** »

Fasc. V. — A. Delplanque : **Appendice,** *Contribution à une édition critique de la correspondance de Fénelon et Lettres et documents inédits*, 102 p. — 1907............ **3** »

Fasc. VI. — E. Lesne : **Histoire de la propriété ecclésiastique en France,** t. Ier, *époques romaine et mérovingienne*, ii-496 p. — 1910.............................. **10** »

Fasc. VII. — E. Lesne : **L'origine des menses** *dans le temporel des églises et des monastères de France au IXe siècle*, ii-165 p. — 1910 .... **3 50**

IMP. H. MOREL, LILLE

Fin d'une série de documents
en couleur

L'ORIGINE DES MENSES

DANS LE TEMPOREL

DES ÉGLISES ET DES MONASTÈRES DE FRANCE

AU IXe SIÈCLE

MÉMOIRES ET TRAVAUX

PUBLIÉS PAR DES PROFESSEURS

DES FACULTÉS CATHOLIQUES DE LILLE

Fascicule VII

L'ORIGINE DES MENSES

DANS LE TEMPOREL

DES ÉGLISES ET DES MONASTÈRES DE FRANCE

AU IXe SIÈCLE

PAR

Emile LESNE

PROFESSEUR A LA FACULTÉ LIBRE DES LETTRES DE LILLE

LILLE
René GIARD, libraire-éditeur
2, rue Royale

PARIS
Honoré CHAMPION, libraire-éditeur
5, quai Malaquais

1910

Imprimatur :

30a die Julii 1909.

Rector archigymnasii insulensis :

A. MARGERIN, v. g.

AVERTISSEMENT

Présentant comme thèse de doctorat devant la Faculté des lettres de l'Université de Paris le premier volume d'une histoire de la propriété ecclésiastique en France, arrêtée à la fin de l'époque mérovingienne, l'auteur s'était proposé d'esquisser dans une thèse complémentaire l'un des points les plus intéressants qu'il rencontrera en poursuivant ce travail et qu'il croyait être un sujet neuf : comment le patrimoine des églises et des monastères s'est-il sectionné en deux parts qui devinrent la mense du prélat et celle de la communauté ? La rédaction de ce mémoire était achevée quand, grâce à une communication bienveillante de M. Ch. V. Langlois, nous eûmes connaissance de l'ouvrage de M. A. Pöschl : *Bischofsgut und Mensa episcopalis*[1], dont la deuxième partie, parue en cette même année 1909, est tout entière consacrée à l'étude du partage des biens ecclésiastiques, à l'époque carolingienne, entre prélats et communautés. Traitant en même temps le même sujet que M. Pöschl, nous aboutissions à des conclusions essentielles conformes aux siennes avec un plan différent que nous n'avons pas eu à remanier et des vues qui restent originales, appuyées sur des textes inexploités. Nous avons relevé et discuté

1. Ein Beitrag zur Geschichte des kirchlichen Vermögensrechtes ; Erster Teil : Die Grundlagen, zugleich eine Untersuchung zum Lehensproblem, XI-182 p., Bonn, 1908, in-8. — Zweiter Teil : Die Güterteilungen zwischen Prälaten und Kapiteln in karolingischer Zeit, X-310 p., 1909.

au passage les points où nous nous sommes trouvés en désaccord avec M. Pöschl. D'autre part, nous avons tiré profit de son excellente étude ; il y est renvoyé souvent, chaque fois qu'un emprunt y est fait, chaque fois aussi qu'on n'a pas cru devoir entrer dans des développements qui n'intéressent que les contours de l'objet propre de cette étude.

Lille, 28 Juin 1909.

CHAPITRE PREMIER

L'INDIVISION DU TEMPOREL ET LE RÉGIME DES MENSES

Dans les Gaules, jusqu'à la fin de l'époque mérovingienne, les biens qu'a recueillis une église ou un monastère forment une masse indivise. Ni le fonds n'est morcelé, ni le revenu n'est partagé suivant des règles fixes, en vue de destinations précises et en des mains différentes. L'administration du temporel entier et toute la dépense sont remises à la discrétion de l'évêque ou de l'abbé[1]. Les évêques francs n'étaient pas tenus, comme leurs collègues d'Espagne ou d'Italie, à faire des offrandes des fidèles et du produit des domaines ecclésiastiques trois ou quatre parts égales[2]. A l'entretien de l'évêque ou de l'abbé, des clercs ou des moines, aux réparations des édifices, aux charges d'hospitalité et de bienfaisance, il était pourvu par les soins du prélat suivant la proportion qu'il jugeait bon d'établir entre toutes ces dépenses. Certains biens avaient été assignés déjà à l'époque mérovingienne par le donateur à une affectation spéciale[3], mais ils étaient confiés avec tous les autres à l'administrateur unique du temporel. L'établissement religieux, église ou monastère, est seul pro-

1. Cf. notre histoire de *la propriété ecclésiastique en France aux époques romaine et mérovingienne*, p. 334 et suiv.

2. *Op. cit.*, p. 334 et 347.

3. *Op. cit.*, p. 173 et suiv.

priétaire des biens; aussi n'existe-t-il qu'un patrimoine, géré tout entier par le chef de la famille ecclésiastique ou monastique.

Au IXe siècle s'opère un dédoublement non pas du sujet juridique de la propriété, mais de la personne qui en jouit et l'administre. L'église, le monastère resta propriétaire de tout le temporel, mais la communauté des clercs ou des moines eut à son usage une part distincte de celle que retenait l'évêque ou l'abbé.

L'ensemble des biens affectés soit aux dépenses du prélat, soit à celles de la communauté et librement administrés par l'un ou par l'autre, s'est appelé dans la langue du droit canonique postérieur une mense. Le temporel d'une église ou d'un monastère apparait au XIe siècle nettement fractionné en deux masses indépendantes : la mense du chapitre ou de la communauté monastique, la mense de l'évêque ou de l'abbé[1]. Mais ni l'idée précise d'un partage constituant à chaque personne morale sa portion usufruitière n'est à l'origine des menses, ni l'expression qui les désigne n'appartient au langage du IXe siècle.

Jamais il n'est dit dans un document de ce temps que du patrimoine d'une église deux portions aient été faites, l'une pour le prélat, l'autre pour la communauté. Une part est simplement réservée en faveur des moines ou des chanoines et distinguée par là du reste des biens de l'église ou du monastère. Les nombreux actes de cette époque qui signalent cette innovation emploient toujours les mêmes expressions qui en rendent exactement le sens. On met à part une portion *(segregare)*[2] et on l'assigne

1. A cette époque, on a régularisé les pratiques antérieures ; un partage durable a été fait entre le prélat et la communauté; les parts se sont fixées (cf. PŒSCHL, *Das Bischofsgut*, t. I, p. 5).

2. *Carta Einardi*, 815-844 : « hoc est quod vobis ad stipendia vestra segregandum censuimus » (*Liber traditionum. S. Petri Blandin.*, 2, éd. FAYEN, p. 13); *Dipl. de Louis le p. pour Sainte-Colombe de Sens*, 836, BOEHMER-MUEHLBACHER, *Die Regesten des Kaiserreichs*, 961 : « quasdam villas...

(attribuere, deputare) à l'usage exclusif des clercs ou des religieux *(in usus fratrum)*, afin d'assurer leur subsistance *(ad stipendia)*[1]. Mention n'est jamais faite d'un partage[2], d'une division[3] des biens entre l'abbé et les moines, l'évêque et les chanoines.

Il n'y a eu à l'origine qu'une mense, celle de la communauté, qui s'est distinguée et séparée des autres biens de l'église ou de l'abbaye *(ex reliquis abbatiae villis, de reliqua abbatia)*[4]. La mise à part d'une portion destinée aux usages des *fratres* n'entraine pas nécessairement l'établissement d'une mense affectée aux besoins du prélat. La portion conventuelle a été établie quelquefois, au IXe siècle, pour une communauté de moines et leur abbé régulier[5]. A cette époque, on a simplement

segregavit... ut usibus eorum deservirent» (QUANTIN, *Cart. de l'Yonne*, 25, t. I, p. 50); *Vita Benedicti Anian.*, 39 : « constituit eis segregatim » (*Script.*, t. XV, p. 218); *Dipl. de Charles le ch. pour Saint-Amand*, 23 mars 847, BŒHMER, *Regesta Karolorum*, 1591 : « segregavimus villas quasdam quae proprie fratribus deservirent » (*Historiens de France*, t. VIII, p. 488).

1. *Charte de l'évêque de Paris Inchadus en faveur de ses chanoines*, 829 : « attribueremus eorum stipendiis quasdam villas de rebus matris ecclesiae » (CH. DE LASTEYRIE, *Cart. de Paris*, 35, t. I, p. 50); *Dipl. de Pépin I d'Aquitaine pour les moines de Saint-Germain*, 829 : « ad stipendia monachorum deputavit (Louis le Pieux) ...villas, ut eorum sumptibus et stipendiis... deservirent » (*Histor. de France*, t. VI, p. 669).

2. M... Viollet (*Hist. des instit. polit. de la France*, t. I, p. 379, n. 2) remarque que l'expression *partage* ne se trouve généralement pas dans les documents. On ne la rencontre jamais dans les diplômes dits de partage du IXe siècle. Dom Bouquet donne à ces actes le titre inexact de *Partitio*. M. Pöschl a choisi comme sous-titre à la IIe partie de son ouvrage (*Bischofsgut und Mensa episcopalis*) la même expression (*Die Güterteilungen zwischen Prälaten und Kapiteln in karolingischer Zeit*). Le terme de partage est commode, mais ne répond pas précisément à l'idée qu'on se fit au IXe siècle de cette pratique.

3. La *divisio*, c'est la distribution impie, inique aux yeux des clercs et des moines, que fait un roi ou un prélat des biens d'une église ou d'un monastère entre des laïques. Cf. K. RIBBECK, *Die sogenannte Divisio des fränkischen Kirchengutes*, p. 103-6.

4. *Charte d'Hilduin pour Saint-Denis*, 22 janv. 832 (*Conc. aevi Karol.*, t. I, p. 691) ; *Dipl. de Charles le ch. pour Saint-Germain-des-Prés*, 20 avril 872, B. 1779 (*Histor. de Fr.*, t. VIII, p. 640).

5. En 855, Charles le Chauve décide l'institution au monastère de Fleury-sur-Loire d'une mense destinée aux usages des religieux et de leur abbé

séparé les domaines qui serviront aux religieux de ceux qui pourront être affectés à d'autres usages, aux dépenses de l'abbé séculier, aux services publics, à la *militia* du royaume, à la constitution de bénéfices pour les fidèles du roi ou du prélat. Les biens qui n'ont pas été remis aux moines sont désignés simplement comme les *res communes*[1] du monastère. On oppose à la mense conventuelle la *ratio abbatiae*[2], aux domaines assignés aux religieux ceux qui forment le reliquat ou l'*indominicatum*[3] que l'abbé gère en personne, dont il garde l'administration et la jouissance, ou enfin ceux qui sont placés sous son *dominium*[4]. Jamais il n'est spécifié au IXe siècle qu'une *villa* est à l'usage personnel de l'abbé, alors qu'il est dit de telle autre qu'elle est destinée à subvenir aux besoins particuliers des moines. C'est seulement au Xe siècle qu'on commence à mentionner les

régulier: « Haec... de rebus ejusdem monasterii ad stipendia abbatis ipsius monasterii et fratrum deputata esse » (PROU, VIDIER, *Chartes de Saint-Benoît*, 22, t. I, p. 51). Les éditeurs suspectent, à tort, croyons-nous, l'authenticité de ce diplôme.

1. A Sainte-Colombe de Sens, les réparations des bâtiments ne sont pas à la charge des moines, mais sont faites « de communibus ipsius monasterii rebus » (*Dipl. de Louis le p.*, 2 avril 836, B. M. 961, QUANTIN, *Cart. de l'Yonne*, 25, t. I, p. 51).

2. *Dipl. de Charles le ch. pour Saint-Germain d'Auxerre*, 14 sept. 861, B. 1697 (QUANTIN, 39, p. 74).

3. Lambert, évêque de Mâcon, a donné à ses clercs « de suo indominicato » (*Dipl. de Louis le b.*, 11 sept. 878, B. 1842, RAGUT, *Cart. Saint-Vincent*, 101, p. 77); cf. *Dipl. de Charles le ch. pour Marchiennes*, 12 juill. 877: « totius abbatiae, tam de indominicatu quam de sororum seu fratrum caussa et de beneficiatis » (*Histor. de Fr.*, t. VIII, p. 666). On oppose quelquefois la *pars abbatis* à la *pars fratrum*; mais le mot *pars* n'a pas ici le sens de *portio*; il signifie *par les soins*, *à la charge* de l'abbé ou des moines: « pro stipendiis quae eis (fratribus) *a parte abbatis* persolvi debebantur; — haec omnia *ab abbate* minus plane persolverentur; — aedificia *de abbatia* reficienda sunt, exceptis supradictis *a parte fratrum* reemendandis » (*Dipl. de Charles le ch. pour Saint-Germain-des-Prés*, 20 avril 872, B. 1779, *Histor. de Fr.*, t. VIII, p. 639 et 640). L'expression *Abtsgut*, employée par M. Pöschl (op. cit., t. II, p. 24, 28, etc.) traduit peu fidèlement les termes en usage au IXe siècle.

4. *Dipl. de Charles le ch. pour Saint-Denis*, 856 (*Histor. de Fr.*, t. VIII, p. 545).

stipendia abbatum[1] à côté des *stipendia fratrum*, que des biens sont dits affectés aux usages propres de l'abbé[2]. Mais, dès l'origine, ce qui n'était pas réservé à la communauté fut à la disposition du prélat[3] qui tient de la faveur royale l'évêché ou l'abbaye, dont le temporel constitue son *beneficium*[4]. Assigner une part aux besoins des clercs ou des religieux, c'était donc, en fait, former du reste du patrimoine la mense de l'évêque ou de l'abbé ; mais jamais au IXe siècle, il n'y eut un mot pour la désigner comme telle.

La portion des biens d'une église ou d'un monastère qui a été mise à part pour l'usage des moines ou des chanoines est appelée quelquefois au IXe siècle le *peculiare fratrum*[5], leur *portio*[6]. Ces expressions, rarement employées d'ailleurs[7], furent les premières qui désignèrent ce que nous appelons la mense conventuelle. Le plus souvent les donations qui au IXe et au Xe siècle viennent en grossir le noyau primitif, sont dites

1. *Dipl. de Charles le s.*, 30 avril 903, B. 1921 : « facultatibus... ad stipendia abbatum... specialiter deputatis » (*Histor. de Fr.*, t. IX, p. 498).

2. *Dipl. de Charles le s.*, 30 oct. 901, B. 1917. Le roi a confirmé à l'évêque de Noyon « quicquid jure episcopii in proprios usus possidebat » (p. 491).

3. Angilhelmus, évêque d'Auxerre, affecte aux usages des chanoines le domaine de Pourrain, à l'exception de quelques dépendances « quas praelatis ipsius sedis ad utendum preservavit » (*Dipl. de Louis le p.*, 12 nov. 819, B. M. 705, QUANTIN, 16, p. 32).

4. Géraud, évêque de Mâcon, fait (892-927) une donation « de suo beneficio, ex ratione sancti Vincentii » (RAGUT, *Cart. Saint-Vincent*, 337, p. 195).

5. En 818, deux chanoines de Saint Martin de Tours lèguent des biens au saint « ad peculiare fratrum » (MARTÈNE, *Thes. anecd.*, t. I, p. 20 ; MABILLE, *Panc. noire*, 36, p. 82). Entre 815 et 844, Einhart, abbé de Saint-Pierre-au-Mont-Blandin, a décidé en faveur des moines « ut de rebus hujus monasterii, quibus hactenus communiter utebamur, peculiarem vobis portionem largiremur » (*Carta Einardi*, *Liber tradit.*, 2, éd. FAYEN, p. 13). En 876, Adraldus fait une donation aux chanoines de Saint-Hilaire de Poitiers « super eorum stipendia in eorum peculiarine » (L. REDET, *Docum. de Saint-Hilaire*, 7, p. 10).

6. *Carta Einardi cit ; Dipl. de Charles le ch. pour Saint-Mihiel*, 24 juin 877, B. 1816 (*Histor. de Fr.*, t. VIII, p. 665) ; *de Carloman pour Saint-Germain d'Auxerre*, 11 juin 884, B. 1868 (*Quantin*, 57, p. 109).

7. Le plus souvent les documents signalent simplement les biens *ad usus*, *ad opus fratrum* (Cf. PŒSCHL, t. II, p. 22 et 89).

faites aux religieux du monastère, aux chanoines de la *canonica*, ou à leurs usages, pour leurs *stipendia*[1]. Quelquefois aussi, à la fin du IXe siècle et au commencement du Xe, les biens sont offerts à leur *communia* ou pour leur *stipendium commune*[2].

Puis deux mots ont apparu pour désigner la portion réservée à la subsistance (*stipendia, victus*)[3] de la communauté. Cette part représentait la quantité de vivres (*portio cibi et potus*) qu'un prélat doit fournir (*praebenda*)[4] aux moines ou aux chanoines pour les faire vivre. A la fin du IXe siècle, on appelait d'ordinaire *prébende* l'ensemble des biens qui servent à nourrir le collège tout entier des religieux ou des clercs[5]. Quelquefois, dès le IXe siècle, l'expression s'entendit de

1. *Dipl. de Charles le ch. pour Saint-Germain d'Auxerre*, 2 déc. 863, B. 1717 : « in eorum stipendium condonavimus » (QUANTIN, 42, p. 78) ; *pour Saint-Vincent du Mans*, 12 oct. 873 : « usibus ac stipendiis canonicis (CHARLES, *Cart. Saint-Vincent*, 11, col. 15) ; *donations faites à Saint-Julien de Brioude* « in stipendia canonicorum » (DONIOL, *Cart. Saint-Julien*, 304, p. 309, BRUEL, *Essai sur la chronol.*, Avril 868, 22 ; DONIOL, 257, 152, 219, p. 267, 167, 229, BRUEL, 23, 24, 36).

2. En 871, un bienfaiteur de l'église cathédrale Saint-Maurice de Vienne interdit de retrancher le bien qu'il offre « de communia fratrum » (U. CHEVALIER, *Cart. Saint-André-le-Bas*, Append., II, 108*, p. 13*). A la même date, Frotarius cède une *villa* « fratribus sancti Stephani ad communem stipendiam Lemovicensis senioris canonicae » (*Cart. Saint-Etienne de Limoges*, B. N., *Coll. Duchesne*, t. 29, f° 234 verso ; *Coll. Moreau*, t. 2, f° 119). Cf. testament de Guillemette en faveur de Saint-Pierre de Maguelone, c. 922 : « teneant canonici in supradicta sede in communia » (*Hist. du Languedoc*, éd. MABILLE, t. V, Preuves, 48, p. 145).

3. Voir la liste des nombreux synonymes qui désignent les subsistances des moines dans PERSCHL (t. II, p. 17).

4. Cf. DUCANGE, *Glossarium*, au mot *praebenda*.

5 En 893, le roi Arnoul confirme aux chanoines de l'église cathédrale de Trèves « omnes res ad suam praebendam concessas » (H. BEYER, (*Urkundenb. d. mittelrh. Territ.*, 132, t. I, p. 139). En 895, Zwentibold concède aux moines de Saint-Mihiel deux localités « ad suam praebendam (*Histor. de Fr.*, t. IX, p. 375) ; le roi explique que ces biens appartenaient déjà à cette abbaye, « non tamen ad monachorum annonam sed ad abbatem » (p. 376). En 896, Charles le Simple fait des libéralités aux moines de Salone, « quoniam... prebenda eorum omnino connullata et subtracta habebatur » (dom TABOUILLOT, *Hist. de Metz*, t. IV, p. 50). En 913, Conrad I confirme en faveur des moines de Murbach « res illius coenobii ad praebendam et nutrimentum eorum pertinentes » (M. G., *Diplom. regum Germ.*, 17, t. I, p. 16.)

la part qui est faite dans la distribution des aliments à un chanoine[1]. Au XIe siècle, la prébende ne désignera plus que la part des biens d'une mense conventuelle affectée à la subsistance d'un seul membre du chapitre.

Grégoire de Tours mentionne au VIe siècle la *mensa canonica*[2]. C'est la table où s'asseyent les *clerici canonici* qui célèbrent l'office divin dans une église[3]. Un repas leur est servi aux frais de l'établissement. A la fin du VIIIe siècle, Chrodegang dans la règle qu'il compose pour les chanoines de son église ne donne pas un autre sens à cette expression. Il établit l'ordre des préséances aux sept tables qui seront dressées pour l'évêque, ses hôtes et son clergé[4]. Au commencement du IXe siècle, alors que s'établit ce qu'on appellera la mense conventuelle, le terme *mensa* signifie seulement la table des religieux ou des clercs[5]. Jamais dans les nombreux actes du IXe siècle qui déterminent leur part, celle-ci n'est dite la mense de la communauté.

1. Suivant les Gesta Aldrici (I, M. G., *Script.*, t. XV, p. 308), le futur évêque du Mans «petiit locum sibi dari in quadam civitate... sibique cum suis duobus clericis tantummodo postulavit dari prebendam.» Le roi lui permit d'aller à Metz où il fut admis comme clerc, puis comme diacre parmi les chanoines de l'église cathédrale. Sous le roi Arnoul, à la fin du IXe siècle, l'abbé du monastère de Lorsch cède en précaire à l'évêque d'Augsbourg, Adalbéron, une église «cum duabus servilibus praebendis et una monachica michimet ipsi praebenda» (*Cod. Lauresh.*, 53, t. I, p. 98). En 915, Charles le Simple, réservant les droits du prévôt des moines de Saint-Mihiel, interdit à l'abbé d'administrer leurs biens, «scilicet vel ministeriales in monasterio mutare vel praebendas dare» (*Histor. de Fr.*, t. IX, p. 525).

2. Convivium mensae canonicae (*Vitae patrum*, IX, 1. éd. ARNDT, p. 703). Cf. *Hist. Franç.*, X, 31, p. 447. Voir notre hist. *de la propriété ecclés.*, p. 351.

3. Cf. PŒSCHL, *Das Bischofsgut*, t. I, p. 53.

4. *Reg. Chrodeg.*, 21, de mensis ordinandis (MANSI. *Conc.*, t. XIV, col. 323).

5. Le terme a encore exclusivement ce sens dans l'*Indiculum* où Ebbon règle avant 833 la discipline des chanoines de l'église de Reims (VARIN, *Arch. admin. de Reims*, 1e P., t. I, p. 31). L'une des trois peines qui punit les fautes des chanoines consiste à leur interdire de s'asseoir à la table commune (separatione mensae). En 917, Charles le Simple décide que le produit de la chasse dans une forêt voisine de Saint-Corneille de Compiègne sera servi «ad fratrum mensam» (*Dipl.*, 26 juill. 917, MOREL, *Cart. Saint-Corneille*, 8, p. 22).

Mais comme les domaines réservés alors à leur usage devaient surtout leur fournir des vivres, les donations pieuses qui grossirent cette portion furent faites, le plus souvent, suivant l'expression du rédacteur des chartes, *ad mensam fratrum*. Le terme rarement encore employé au IXe siècle[1], est usité au Xe, concurremment avec celui de *praebenda*, puis prévaut pour désigner seul dans la part des moines ou des chanoines le lot des biens destinés à les nourrir[2]. Appliquée au Xe siècle à la fraction qui

1. Un fragment d'un ancien livre censuel de Saint-Pierre-au-mont-Blandin renferme une liste de serfs donnés « ad mensam fratrum » depuis le temps de Louis le pieux jusqu'à l'époque du roi Raoul (VAN LOKEREN, *Chartes de Saint-Pierre*, 4, p. 8; *Liber tradit.*, Annexe, 132, éd. FAYEN, p. 124). Un autre livre censuel, qui commence par détailler les biens affectés par Einhart à l'usage des *fratres*, dresse aussi une liste des biens donnés « ad mensam fratrum » pendant la même période (VAN LOKEREN, 6, p. 9-15; FAYEN, 7-57, p. 21-49). Mais la rédaction de ces livres, postérieure au règne de Raoul, nous reporte au Xe siècle. La charte d'Einhart en faveur des *fratres* (FAYEN, 2, p. 11), qui paraît authentique, n'emploie pas l'expression *mensa* mais celle de *peculiaris portio*. Plusieurs chartes provenant du cartulaire de Montiérender, insérées au t. I de la collection Moreau (B. N.), renferment l'expression *mensa fratrum*, *monachorum*. Les donations d'Allédulfus (f° 146) et de Giraudus (f° 203) faites « regnante Karolo rege » peuvent se rapporter à l'époque de Charles le Simple et non de Charles le Chauve. La donation faite par Erlésenna, le Mercredi 24 Juin de la 9e année de Pépin (le bref, vraisemblablement), *ad mensam fratrum* d'une *villa* et de l'église qu'elle renferme, dont le prêtre acquittera un cens à la dite *mensa*, peut être rangée parmi les actes suspects que contient le cartulaire de Montiérender. Un diplôme de Louis le Pieux, 19 août 834, B. M. 931 (*Histor. de Fr.*, t. VI, p. 596) mentionne une donation faite « ad mensam clericorum » de l'église de Langres, mais ne désigne nullement du terme de *mensa* l'ensemble des biens qu'il énumère et qui sont affectés aux usages des chanoines. Un diplôme de Charles le Chauve du 13 fév. 873 confirme l'attribution faite par l'abbé de Saint-Lézin aux *fratres* du monastère d'une *villa* « ex dominicatu ejusdem potestatis... ad mensam suam » (*Gall. christ.*, t. XIV, Instr., col. 146). En 884, le prêtre Arico fait un don à Saint-Etienne de Dijon « et ad mensam fratrum » (PÉRARD, *Recueil de pièces curieuses*, p. 52). En 894, Robert, comte et abbé de Marmoutier, accorde en précaire à l'un de ses fidèles 4 manses « pertinentes ad mensam fratrum » (*Coll. Housseau*, t. I, n° 120, f° 143 et *Coll. Moreau*, t. III, f° 74).

2. Vers 903, une donation est faite à la cathédrale Saint-Maurice de Vienne « ad communium et mensam fratrum » (U. CHEVALIER, *Cart. Saint-André-le-Bas*, Append., II, 111*, p. 17*). Charles le Simple confirme en 917, à Saint-Remi de Reims la nue propriété d'un bien dont l'usufruitier paie un cens « ad mensam fratrum » (MARLOT, *Metrop. Remensis historia*, t. I, p. 535) ; en 918, il fait une donation à la *mensa* des moines de Saint-Germain-

alimente le plus considérable des services d'une communauté, celui de la bouche, l'expression a désigné plus tard, assez inexactement, l'ensemble des domaines dont les revenus pourvoient à tous les besoins des serviteurs de Dieu. A la mense conventuelle ainsi entendue on a opposé dans le langage courant la mense abbatiale ou épiscopale.

des-Prés (*Histor. de Fr.*, t. IX, p. 536). Cf. donation d'Adeleth à la *mensa canonicorum* de Saint-Nazaire d'Autun, 922 (DE CHARMASSE, *Cart. de l'église d'Autun*, 10, t. I, p. 14) ; chartes d'Adalbéron pour Gorze de 933 (D'HERBOMEZ, *Cart. de Gorze*, 92, p. 169-70) ; d'Ève pour Saint-Arnoul de Metz de 950 (MEURISSE, *Hist. des évesques de Metz*, p. 137) ; d'Ermengarde pour Saint-Maurice de Vienne de 927 (U. CHEVALIER, Append., I, 20, p. 230). Voir *ibid.*, 28 (c. 965), p. 239 ; II, 114* (927-48), 115* (c. 972), p. 22*. Deux de ces pièces marquent bien le sens précis qu'avait alors le terme de *mensa* : « in eorum proprios usus et victui quotidiano in refectorii mensam » (p. 230) ; « ad victum in refectorii mensa » (p. 22*). L'expression *mensa* est réservée en somme aux biens affectés aux *stipendia*, à l'alimentation de la communauté. Les domaines assignés au vestiaire ou autres services monastiques n'appartiennent pas à la *mensa*. Le terme n'est étendu à l'ensemble des biens réservés aux *usus* des moines que par le langage moderne.

CHAPITRE II

L'ÉCONOMIE DOMESTIQUE DES ÉGLISES ET DES MONASTÈRES

La mense affectée aux besoins de la communauté n'est pas le produit spontané de la richesse ecclésiastique et monastique dont les organes de distribution se seraient d'eux-mêmes multipliés à mesure qu'elle s'accroissait. La fortune du clergé et des moines fut sans doute plus considérable à la fin du VIIe siècle, avant la spoliation qu'ils souffrirent de la part des premiers Carolingiens et de leurs fidèles, qu'elle ne l'était au commencement du IXe. Or il n'existe pas de menses conventuelles au sein du patrimoine ecclésiastique dans les temps mérovingiens. Elles n'apparaissent nettement que dans le premier quart du IXe siècle, à l'époque qui suit celle où les églises éprouvèrent le plus grand préjudice. Leur éclosion est un fait contemporain de la reconstitution du patrimoine ecclésiastique. La mense de la communauté distinguée du reste du temporel est l'une des bases sur lesquelles s'édifia à nouveau la fortune des établissements religieux.

Toutefois des pratiques qui ressortissent exclusivement à l'économie domestique des églises et surtout des monastères préparent la formation des menses conventuelles.

Dès le VIIIe siècle, à une époque où la sécularisation d'une large part des biens ecclésiastiques ne permet plus de dépenser sans compter, comme on l'avait pu faire jusque-là[1], des abbés soigneux et prévoyants ont introduit des habitudes d'ordre dans le règlement de la dépense de leur maison. On a entrepris des calculs qui sont pour le temps l'équivalent, fort approximatif du reste, d'une comptabilité et de ce qu'on appellerait aujourd'hui un budget domestique. De crainte d'en rompre l'équilibre, soucieux de pourvoir néanmoins à toutes les dépenses nécessaires, les prélats évaluent soit les frais à faire, soit les ressources disponibles. Ils supputent d'une part ce que produisent les domaines, d'autre part ce que consomment les religieux. On a cherché à déterminer ce qui est indispensable à l'entretien d'un moine ou d'un chanoine, sa ration journalière, les vêtements qu'il use au cours d'une année, partant la quantité annuelle de vivres, de tissu, de cuir nécessaire à une communauté dont l'effectif est fixé à un certain chiffre. On a étudié aussi le rendement des terres. Souvent dès cette époque fut dressé un état des propriétés et des droits possédés par une église ou un monastère. Il a subsisté plusieurs polyptyques qui datent du IXe siècle[2]. L'évêque ou l'abbé entreprenait spontanément de décrire les biens dont il avait la gestion[3]. Les évêques[4] ou les rois[5] faisaient parfois

1. Cf. PŒSCHL, *Das Bischofsgut*, t. II, p. 3.

2. Cf. B. GUÉRARD, *Polyptyque de l'abbé Irminon*, Prolég., t. I, p. 20 et suiv. A l'énumération des polyptyques connus de Guérard, il faut ajouter le polyptyque de Montiérender publié par l'abbé Lalore (*Le polypt. de Montiérender*, 1878, in-8° ; et au tome IV de la *Coll. des cart. du diocèse de Troyes*), celui de Lobbes, publié par M. Duvivier (*Recherches sur le Hainaut ancien*, 15 *ter*, p. 307).

3. Ainsi fit Hincmar pour les biens de l'église de Reims (FLODOARD, *Hist. Rem. eccl.*, III, 10, *Script.*, t. XIII, p. 484).

4. Jonas, évêque d'Autun, a fait faire par ses fidèles une *descriptio* des biens du monastère de Saint-Andoche (*Charte de Jonas*, 858, *Gall. christ.*, t. IV, Instr., col. 52). Hincmar de Reims a fait l'inventaire et l'*ordinatio* des biens des monastères d'Avenay (FLODOARD, op. cit., III, 27, p. 549), d'Hautvilliers et d'Orbais (28, p. 552). Jean, évêque de Cambrai, a fait dresser le polyptyque de Lobbes (FOLCUIN, *Gesta abb. Lob.*, *Script.*, t. IV, p. 61).

5. Cf. GUÉRARD, op. cit., p. 18-9. Voir surtout la *descriptio* faite à Saint-Riquier, en 831, sur l'ordre de Louis le Pieux (HARIULF, *Chron. de Saint-Riquier*, III, 3, éd. F. LOT, p. 86 et suiv.) et la *descriptio* faite, en 858, en

procéder d'office dans les monastères à un inventaire, notamment après la mort de l'abbé[1]. L'administrateur d'une église ou d'une abbaye savait donc assez exactement quelle en était la fortune et de quoi elle se composait; il connaissait la nature, la qualité, la quantité des divers produits rapportés par les *villae*.

Ces évaluations et inventaires ont servi de base à des réglements de bonne administration domestique. Souvent dans les grands monastères on a procédé sur ces données à une répartition régulière des biens. On affecte à telle dépense soit une part déterminée du rendement de l'ensemble des domaines ou d'un domaine en particulier, soit une *villa* ou un certain nombre de *villae*, le fonds avec le revenu. Des assignations sont faites soit aux services monastiques, en général, soit à chacun d'eux pris à part.

L'existence de plusieurs chapitres au budget ecclésiastique ou monastique ne porte pas nécessairement atteinte à l'unité du temporel. Un même administrateur à l'origine, l'évêque ou l'abbé, fait l'estimation des dépenses et la répartition des revenus, gère l'ensemble des biens affectés aux différents services. Cette réglementation n'eut pas suffi à créer à l'usage des religieux ou des clercs une mense séparée. Celle-ci ne sera fondée en faveur de la communauté qu'au jour où les moines et chanoines auront la gestion et la libre disposition des biens qui leur sont affectés et où le pouvoir du prélat ne s'étendra plus que sur le reliquat du temporel. Mais ces règlements administratifs en préparent le sectionnement. Sous la pression des événements, des compartiments déjà formés n'ont eu qu'à se détacher de la masse. La mense conven-

présence de Charles le Chauve, des biens du monastère de Notre-Dame de Soissons, dont le rôle a été édité par dom Germain (*Histoire de Notre-Dame de Soissons*, p. 429-31).

1. Cf. Mabillon, *Ann. Bened.*, XXXV, 44, t. III, p. 66. Ainsi à Saint-Wandrille, un inventaire des biens fut dressé en 787, à la mort de l'abbé Wido, sur l'ordre de Charlemagne (*Gesta abb. Fontan.*, II, 15, *Script.*, t. II, p. 290).

tuelle est la résultante de circonstances historiques qu'on étudiera plus loin, et d'habitudes ménagères prises par les régisseurs du temporel [1].

L'estimation des quantités de vivres et de denrées indispensables à l'entretien d'un moine ou d'un chanoine n'est point remise à la discrétion de l'administrateur du temporel. Des chiffres ont été déterminés d'avance par les réformateurs de la vie monastique et canoniale, imposés par l'autorité royale comme une norme à laquelle chaque établissement doit subordonner tous les calculs de son budget. A l'exemple de saint Benoît [2], Chrodegang, dictant une règle aux *canonici* de son église, fixe la mesure des aliments qui seront servis à chaque clerc [3], énumère les vêtements, chaussures, qui leur seront fournis, détermine la somme qu'on devra consacrer à l'achat du bois, tant à l'usage des chanoines [4] qu'à celui des pauvres de la matricule. Un chapitre spécial fixe les rations de pain, de vin, de lard, de fromage qui seront distribuées à ces pauvres inscrits au rôle de l'église de Metz, chaque fois qu'on les convoquera pour entendre une pieuse lecture [5].

1. M. Pöschl a brièvement noté (t. II, p. 3-5) la réorganisation de l'avoir monastique qui précède l'établissement des menses, mais n'a pas marqué la relation qui existe entre leur apparition et ces règlements auxquels il attache une médiocre importance. Il y faut voir, à notre avis, le point initial du *processus* d'où sort la mense conventuelle. L'usage d'assigner des biens aux usages de la communauté, né d'une préoccupation d'économie domestique, s'est développé en raison de faits qu'on étudiera plus loin. Quand prélat et communauté furent devenus personnes distinctes, dont le genre de vie et les intérêts étaient en opposition, une part fut faite partout à la *congregatio* des clercs ou des religieux; le prélat leur abandonna l'administration de *villae* affectées déjà souvent à leurs besoins, en vertu d'une ancienne pratique. Lorsque ces biens échappent au gouvernement du prélat, la mense est définitivement constituée.

2. *Reg. s. Bened.*, 39, 40, 55 (HOLSTENIUS, *Codex reg.*, éd. BROCKIE, t. I, p. 127 et 130). Cf. *Reg. Magistri*, 26, 27, 81 (p. 256-7, 278).

3. *Reg. Chrodeg.*, 22 et 23, De mensura cibi, potus (MANSI, *Conc.*, t. XIV, col. 324).

4. 29, col. 327.

5. 34, col. 332.

Chrodegang qui n'avait songé qu'à sa propre église avait établi une mesure unique et invariable, qui répondait aux ressources à lui connues de l'église de Metz. Le concile d'Aix de 816 qui légifère pour toutes les communautés de chanoines a dû tenir compte de l'inégalité des conditions qui leur sont faites, de l'étendue et de la qualité variables des terres que possèdent les églises [1]. Le concile fixe pourtant une ration de pain qui sera la même partout [2]. Les petits comme les grands établissements doivent être en état de servir chaque jour à chaque chanoine quatre livres de pain [3]. La quantité et la nature de la boisson variera suivant la richesse de l'église et les productions du pays. Si l'église possède de 3 à 4.000 manses, la pitance quotidienne sera de cinq livres de vin [4] ou si la région en produit peu ou point, soit de trois livres de vin et trois de bière, soit d'une livre de vin et cinq de bière. Les chefs des établissements qui ont une fortune moyenne de 1 à 2.000 manses remettront à chaque chanoine quatre livres de vin. Les églises les moins riches qui ne possèdent que de 2 à 300 manses fourniront deux livres de vin ou trois de bière [5]. La distribution sera faite suivant l'étalon des poids et mesures nouvellement établi [6].

Dans les monastères réguliers, au temps de Louis le

1. Can. CXXII : « aequaliter in omnibus locis nec ecclesiarum diversissimae facultates nec terrarum qualitates nec eventuum sinunt fieri posse varietates » (*Conc. aevi Karol.*, t. I, p. 401).

2. *Ibid.* En outre tous les *canonici* ont droit quotidiennement à un plat cuit (*pulmentum*) et à une part des offrandes.

3. Guérard (*Polypt. d'Irminon*, *Prolégom.*, p. 965) évalue la ration d'un chanoine à 1 k. 632 gr., en admettant que la livre pèse 408 gr. suivant l'étalon nouveau. Si avec M. Prou (*La livre dite de Charlemagne*, *Mém. Soc. des antiquaires*, t. LIV, p. 263) on fixe le poids de la livre de Charlemagne à 491 gr. 179, la pitance des chanoines est de 1 k. 964 gr.

4. Soit 2 k. 40 gr. (Guérard, *ibid.*), ou 2 k. 455 gr., suivant l'estimation de M. Prou.

5. *Conc. d'Aix*, *loc. cit.*, p. 401-2. Cf. Inama Sternegg, *Deutsche Wirtschaftsgesch.*, t. I, p. 293.

6. *Hlud. epist. ad archiep.* (*Conc. aevi Karol.*, t. I, p. 463).

Pieux, on s'en tenait sans doute aux prescriptions de la règle de Saint-Benoît qui accorde aux moines, chaque jour, deux plats cuits, une livre de pain, une hémine de vin[1]. Les statuts promulgués à Corbie, en janvier 822, par Adalhard[2], pour le réglement de la dépense, ne renferment aucune indication relative à la pitance des religieux. On y lit seulement que le nombre des pains sera chaque jour égal à celui des bouches à nourrir[3]. Le rédacteur s'est contenté de fixer les rations des pauvres[4] et la fourniture de vêtements qui sera faite aux douze clercs servants (*clerici pulsantes*) que le monastère entretient[5]. Vraisemblablement il s'en tient, pour les moines, aux chiffres énoncés par la règle bénédictine.

1. 39, 40 (HOLSTENIUS, t. I, p. 127). Dom Besse (*Les moines de l'anc. France*, p. 484) évalue à un demi-litre la contenance de l'hémine sans justifier son sentiment. Suivant une notice, dont l'âge est incertain, éditée par Mabillon (*Vet. Analecta*, t. IV, p. 452) et reproduite par Guérard (*Prolég.*, p. 963), l'hémine équivaudrait à une livre ou à une livre et demie.

2. Le titre du *brevis* porte la date de la rédaction primitive, janvier 822 (*Statuts d'Adalhard*, éd. LEVILLAIN, *Moyen Age*, 1900, p. 351). M. Levillain estime que la rédaction B, visiblement la plus ancienne de celles qui nous ont été conservées et antérieure à 844, n'est pas pourtant la rédaction primitive. Il y est question, en effet, observe-t-il (p. 345) « de illo tertio mense, qui tunc est » ; or le 3e mois, *qui tunc est*, ne peut être le mois de janvier, époque où Adalhard composa son bref. Mais il s'agit ici d'une répartition des provisions de lard entre les douze mois de l'année. L'auteur du réglement ne veut pas qu'au cours d'une mensualité on anticipe sur la suivante ; il espère même qu'une dépense économe laissera un excédent à l'issue du mois. Peut-être, à l'expiration des deux premiers, les reliquats suffiront-ils pour la consommation du troisième ; sinon on entamera la provision du mois courant : « addat de illo tertio mense, *qui tunc est*, quantum necesse fuerit » (p. 380). Mention est faite ici non de l'époque de l'année où le rédacteur écrit, mais du troisième mois de l'exercice du budget monastique. Il n'y a donc, de ce chef, aucune raison de refuser à Adalhard la paternité directe du document conservé sous son nom par la rédaction B.

3. *Statuts d'Adalhard*, VI, p. 356.

4. Les douze pauvres admis à passer la nuit au monastère, reçoivent chacun un pain, et le lendemain la moitié d'un autre comme viatique. A ceux qui s'en vont le même jour on n'accorde qu'un quartier de pain et deux coupes de bière (*Statuts d'Adalhard*, IV, p. 354) Les pauvres reçoivent en outre du lard, des légumes, des vêtements, de l'argent (V, p. 355), mais il n'est pas stipulé quelle sera la part faite à chacun.

5. *Ibid.*, III, p. 353-4.

Les prescriptions relatives à la pitance et au vêtement d'un clerc ou d'un religieux ont sans doute servi de base aux supputations faites pour apprécier l'approvisionnement dont il faut pourvoir la communauté. Les conciles de réforme insistent sur l'obligation qui incombe aux prélats d'assurer, conformément aux canons et à la règle, les *stipendia* des chanoines et des moines[1]. Aussi des évêques et des abbés soucieux de subvenir à tous leurs besoins prennent soin d'évaluer les quantités totales de blé, de vin, de miel, de cire, de bois, chanvre, lin, laine qu'il faut emmagasiner chaque année pour nourrir, vêtir, éclairer et chauffer les moines ou les chanoines, leurs serviteurs, leurs hôtes et leurs pauvres.

La règle de Chrodegang renferme une estimation des quantités de vivres nécessaires pour alimenter la matricule de l'église de Metz suivant le rationnement prévu[2]. On saura qu'à chaque distribution faite aux pauvres, il faut, quand on leur donne du pain, en être approvisionné de huit muids[3]; huit porcs sont nécessaires quand on leur distribue des rations de lard; les jours où il leur est servi du fromage, il en faut une *pensa*[4]. En conséquence, l'archidiacre ou le primicier de l'église recevra chaque année pour subvenir à toutes les aumônes de la matricule 200 muids de froment, 60 porcs salés, 12 *pensae* de fromage, 24 muids de vin.

Comme Chrodegang, Adalhard établit le budget chari-

1. *Conc. de 813 : de Reims*, can. XXXIII, *de Mayence*, can. IX, *de Tours*, can. XXIII et XXIV (*Conc. aevi Karol.*, t. I, p. 256, 262, 289); *Conc. d'Aix de 816*, can. CXXII (p. 402).

2. 34, Mansi, *Conc.*, t. XIV, col. 332.

3. Guérard (*Prolégom.*, p. 184-5) estimait le muid de Charlemagne à 52 litres et celui de Louis le pieux à 68. Suivant un capitulaire de Charlemagne (802 ? *Capit. missorum*, 44, Boretius, p. 104), deux muids nouveaux équivalent à trois anciens. Le muid antérieur à Charlemagne, celui sans doute qu'a connu Chrodegang, serait, à ce compte, de 34 litres, 66.

4. Guérard évaluait à 30 kil. la *pensa* du polyptyque d'Irminon (*Prolégom.*, t. I, p. 195).

table de sa maison. Il assigne par jour à l'hôpital des pauvres du monastère de Corbie 50 pains, un muid et demi de bière, 30 *pensae* de fromage ou de lard, 30 muids de légumes et une part de l'argent qui vient à la porte, part égale au moins au cinquième des offrandes faites aux moines, et qui ne sera jamais inférieure à 4 deniers[1].

Les mêmes statuts renferment un état approximatif de la consommation faite par toutes les bouches que nourrit le monastère. Adalhard décide que les *villae* placées sous la dépendance du prévôt fourniront chaque année 750 *corbi* d'épeautre *(spelta)* de la contenance de 12 muids. Une série de calculs établit que cette provision pourra procurer chaque jour 300 pains. Comme il y a 400 bouches environ à nourrir, cette quantité est insuffisante. L'abbé a donc décidé que des quinze moulins du monastère on apportera chaque jour le nécessaire pour faire 150 pains. De cette manière l'approvisionnement quotidien de la boulangerie dépassera de 50 rations le nombre des habitants du monastère, y compris la population flottante. Une récapitulation donne la somme totale des muids de grain qui doivent venir par an des *villae* et des moulins[2].

Les statuts d'Adalhard règlent aussi l'approvisionnement de viande nécessaire aux malades, aux *vassalli*, aux ouvriers du monastère[3]. Le rédacteur estime qu'il faut tuer 600 porcs par an pour suffire à la consommation du lard. Il sera mis à la disposition du cellérier 370 porcs, soit 30 par mois ; 60 porcs seront affectés à la porterie, 120 à la nourriture des serviteurs et artisans

1. *Statuts d'Adalhard*, IV et V, p. 354-5.

2. *Statuts d'Adalhard*, VI, p. 356-7. On n'a relevé ici que les chiffres qui concordent. Ce calcul embrouillé et approximatif n'était plus compris des scribes qui l'ont copié, nos meilleurs manuscrits datant de la fin du xe siècle (cf. LEVILLAIN, op. cit., p. 336); aussi renferme-t-il des erreurs de chiffre (p. 313).

3. XI, p. 378-9.

(provendarii)[1], 50 sont mis en réserve pour être employés comme il plaît à l'abbé.

Pour d'autres monastères, nous possédons une estimation complète de la quantité de vivres de toutes sortes nécessaire à l'alimentation de la communauté et qui lui est effectivement procurée. En 829, il a été réglé que l'abbé de Saint-Germain-des-Prés fournirait à ses religieux 1.440 muids de froment pour leur table et 180 muids pour celle de leurs hôtes, 2.000 muids de vin[2], 180 de légumes, 20 muids de graisse ou 50 porcs, 160 *pensae* de fromage, 100 muids de sel, etc.[3]. En 832, l'abbé de Saint-Denis s'est engagé à livrer à ses moines 2.100 muids de froment pour eux et leurs hôtes, 900 muids de seigle pour leurs serviteurs, 2.500 muids de vin, 300 muids de légumes, 200 de sel, 35 de graisse, 330 *pensae* de fromage, 30 setiers de beurre, etc.[4]. Suivant l'inventaire dressé en 858 au monastère Notre-Dame de Soissons, les religieuses consomment chaque année 3.000 muids de froment et 350 de légumes, 300 *pensiones* de fromage, 2.600 muids de vin et 10 muids de miel

1. *Cf. Statuts d'Adalhard*, I, p. 351-2.

2. Guérard estimait que les manses ingénuiles du polyptyque rendaient au total 1.921 muids de vin (*Prolégom.*, p. 892) et les manses serviles 218 (*Ibid.*, p. 896). Mais il n'a pas fait le calcul de ce que rendaient les 196 hectares de vignes qui, suivant ses calculs (p. 891), sont contenus dans les manses seigneuriaux. Or, celui de Palaiseau produit 500 muids de vin (éd. Guérard, p. 6), celui de Villeneuve 1.000 (p. 165), celui de Combs 1.200 muids, etc. Si l'on songe que nous ne possédons pas en entier le polyptyque d'Irminon et que la fortune territoriale de l'abbaye de Saint-Germain est sans doute plus considérable en 829 qu'elle ne l'était au temps d'Irminon, il apparaîtra que les 2.000 muids réservés aux religieux sont très loin de représenter toute la production du vin. Les redevances en blé indiquées par le polyptyque sont assez faibles (p. 892-4-6). Le blé était produit surtout par la *pars indominicata* des *villae*, dont les terres labourables, au témoignage du polyptyque, sont ensemencées d'ordinaire en froment et dont les moulins rapportent du grain. Les colons récoltent surtout de l'épeautre (*Prolégom.*, p. 709).

3. *Dipl. de Louis le p.*, 13 janv. 829, B. M. 857 (*Histor. de Fr.*, t. VI, p. 559).

4. *Charte d'Hilduin*, 22 janv. 832 (*Conc. aevi Karol.*, t. I, p. 690) ; *Dipl. de confirmation de Louis le p.*, 26 août 822, B. M. 906 (*Histor. de Fr.*, t. VI, p. 579).

destiné à être mélangé aux boissons. Si le vin manque, la bière en tiendra la place. On destine 200 muids de sel à l'assaisonnement des aliments des religieuses et de leurs hôtes, 100 muids de suif au luminaire du monastère [1].

Ces évaluations sont faites toujours pour un nombre fixe de religieux. Les *stipendia* destinés à la communauté de Saint-Germain-des-Prés sont calculés en vue de l'entretien de 120 moines. L'approvisionnement du cellier de Saint-Denis est fait pour 150 moines. A Notre-Dame de Soissons, les vivres emmagasinés doivent nourrir les 216 religieuses, leurs 130 serviteurs, 40 servantes au dedans et 30 en dehors du couvent : « J'ai la certitude, écrit Adalhard dans ses statuts, que nous ne sommes ici jamais moins de 300 et rarement plus de 350 ; néanmoins il convient d'ordonner la dépense des vivres comme si nous étions toujours au nombre de 400 » [2]. Le personnel de chanoines ou de moines doit être proportionné aux ressources de l'église et du monastère. Les prélats se garderont d'agréger par vaine gloire à la communauté plus de religieux ou de clercs qu'ils n'en peuvent nourrir [3]. Si le recteur d'un monastère augmente le nombre des moines ou des chanoines, il devra procurer à la communauté un supplément de subsistances [4].

Les administrateurs du temporel ecclésiastique ou monastique qui ont évalué les approvisionnements nécessaires à l'établissement ont avisé aussi aux moyens de les réunir et de les distribuer entre tous les services.

1. *Descriptio* publiée par dom Germain, *Histoire de Notre Dame de Soissons*, p. 429.

2. *Statuts d'Adalhard*, VI, p. 356.

3. *Conc. de 813 : d'Arles*, can. VIII (*Conc. aevi Karol.*, t. I, p. 251), *de Mayence*, can. XIX (p. 266), *de Tours*, can. XXXI (p. 290); *Capit. e canon. excerpta*, cap. VI (p. 295); *Conc. d'Aix de 816*, can. CXVIII (p. 398-9).

4. Cf. *Charte citée d'Hilduin*, p. 694; *Dipl. cité de Louis le p.*, pour *Saint-Germain*, 13 janv. 829, p. 560.

Là où existaient des polyptyques qui, comme celui de Saint-Germain-des-Prés, détaillent les redevances en nature dues par les colons des *villae* et fournissent des données pour l'estimation de la récolte de l'*indominicatum* en grain et en vin [1], il était possible de supputer et de répartir préventivement les ressources disponibles.

A l'effet de mettre chaque officier de la communauté en état de subvenir aux dépenses de son *ministerium*, les chefs des établissements religieux ont suivi plusieurs méthodes. Quelquefois ils décident que telle denrée sera procurée en quantité fixe pour un objet déterminé par telle *villa* ou par les terres que l'église ou le monastère possède dans telle région. La charge de l'entretien des clercs ou des religieux se trouve partagée entre les diverses *villae* qui contribuent chacune pour quelque fourniture. La règle de Chrodegang pour les chanoines de Saint-Étienne de Metz renferme déjà des traces de ces assignations de rentes en nature. L'évêque a stipulé que les 200 muids de froment attribués à la matricule des pauvres seront pris sur le blé qui vient du pays de Worms [2].

Sous le règne de Louis le Pieux, Anségise, abbé de Saint-Wandrille (822-34), a rédigé un mémorial où il dispose comment on approvisionnera les moines de vêtements, de chaussures et de vivres [3]. Le *memoratorium* est une longue énumération de ce que doit leur fournir chaque domaine ou groupe de domaines. Il y est stipulé, par exemple, que des *pagi* de Boulogne et de

1. Le polyptyque de l'abbé Irminon indique l'étendue des terres labourables de l'*indominicatum* en déterminant la quantité de grain nécessaire aux semailles; il signale non seulement la contenance en arpents, mais le rendement des vignobles: il précise ce que rapporte les moulins. La description faite facilite l'évaluation des revenus.

2. 34 : « de illo frumento sit qui de Warmacinse venit et accipiat illud quando exinde venit » (MANSI, t. XIV, col. 332).

3. *Gesta abb. Fontan.*, 17 : « Memoratorium qualiter domnus ac venerabilis Ansegisus abba disponuit vestimenta et calciamenta atque alimoniam fratribus... » (*Script.*, t. II, p. 299-300).

Thérouanne viendront 60 vêtements entiers, 20 pièces de drap blanc où on pourra tailler 20 tuniques, des quantités fixes d'œufs, de fromage, de fèves, de cire, etc. Tous les domaines de l'abbaye ou du moins un grand nombre d'entre eux sont ainsi mis à contribution pour les divers services monastiques. Aucune *villa* n'est tout entière affectée aux besoins des religieux. Une réglementation semblable a été faite quelques années plus tard au monastère de Reichenau. D'accord avec les anciens du monastère, l'abbé Walfrédus a déterminé les quantités de denrées, chanvre, lin, légumes, fromage, miel, etc., dont livraison sera faite au cellérier par une série de *villae* dont il spécifie les noms avec les charges [1].

Ailleurs les *stipendia* des religieux au lieu d'être retirés partiellement d'un grand nombre sinon de la totalité des *villae*, proviennent d'un lot de domaines affectés aux usages exclusifs de la communauté. A Corbie, l'approvisionnement d'épeautre qui a été jugé nécessaire sera fourni par les *villae* spécialement assignées au *ministerium* du prévôt ; on ne prélèvera de grain des autres domaines que si ceux-là ne suffisent pas [2]. A Notre-Dame de Soissons, la quantité de denrées destinées aux besoins des religieuses et de leur domesticité paraît aussi être produite exclusivement par les seize *villae*, les terres et les vignobles qui ont été assignés aux nécessités des servantes de Dieu [3]. Partout où des domaines ont été spécialement affectés aux usages des

1. *Charte de Walfrédus*, 1er Sept. 843 : « nos cum senioribus residentes... disposuimus quid utilitates et quale debitum singulis annis nostro communi cellerario posset conferri : de Kœnigsbach, X haspas de canafo..., de Bierlingen X modios leguminum, C casei, unam ovem, IV haspas de filis, V de canafo, unum cadum de melle... » (*Wirtemb. Urkundenb.*, 108, t. I, p. 124).

2. *Statuts d'Adalhard*, VI, p. 356.

3. *Descriptio* de 858 : « Villas... infra scriptas diversis necessitatibus... ancillarum Dei aptas... ad cibum potumque... puellarum censuit deputare perhenniter... Haec summa villarum ancillarum Dei et in victu earum semper sint et omnia quae de ipsis villis exierint ad ipsas perveniant ». Le texte indique ensuite le nombre des religieuses et de leurs domestiques, puis

moines ou des chanoines, on a estimé que ces biens rapportaient tout ce qui est nécessaire à l'entretien de la communauté.

Enfin dans certains monastères, après évaluation des provisions indispensables, l'abbé s'est obligé seulement à les procurer aux moines sans se lier les mains par un réglement d'attribution précise. Au temps de Louis le Pieux, à Saint-Denis, à Saint-Germain-des-Prés[1], l'abbé s'est engagé à livrer aux religieux les quantités de vivres qu'ils consomment annuellement. Les chartes qui en consignent la promesse ne renferment aucune donnée sur la provenance de ces subsistances. L'abbé qui accepte la charge de ces fournitures les prélève à son gré sur la récolte totale des *villae*.

Même sous cette forme la plus rudimentaire de toutes, une part est faite pourtant déjà à la communauté. L'abbé qui a le devoir strict de nourrir et de vêtir les religieux a émis un réglement aux termes duquel une certaine quantité de denrées doit leur être assurée. Livraison faite de ces approvisionnements, il se considérera comme dégagé de ses obligations vis-à-vis de ses religieux ; il pourra jouir paisiblement et user à son gré du surplus du produit des domaines monastiques. Une simple assignation de revenus fixes a précédé quelquefois celle d'une part des biens-fonds.

Mais une telle méthode ne présente pour les religieux aucune sécurité quand leur abbé est un mauvais administrateur, quand il dilapide les revenus du monastère, quand séculier ou même laïque, il en distribue les biens en bénéfice à ses hommes. Il arrive alors que la récolte ne suffit plus, que les *stipendia* promis ne sont pas livrés

détaille les denrées destinées à leur usage (cf. plus haut, p. 18-9) et ajoute que les volailles seront fournies « de supradictis villis » (Dom Germain, *Hist. Notre-Dame de Soissons*, p. 429-30). Il est permis d'en conclure que tout l'approvisionnement vient des mêmes *villae*.

1. *Chartes citées*, plus haut, p. 18.

régulièrement aux moines. Einhart confesse que les abbés de Saint-Pierre-au-mont-Blandin, ses prédécesseurs, n'ont pas toujours fourni intégralement aux religieux les *stipendia* qui leur étaient dus[1]. Aussi a-t-il décidé de mettre à part à l'usage des *fratres* sur l'ensemble des biens dont jouissaient en commun l'abbé et la communauté, une portion particulière[2]. Au lieu de livrer aux mains du cellérier des religieux la quantité de denrées dont ils ont besoin, Einhart leur remet un certain nombre de biens-fonds qui produiront l'équivalent.

Vers ce régime plus régulier et plus sûr on s'est acheminé dans certains monastères par plusieurs étapes. Sous le règne de Louis le Pieux, Hilduin fournissait aux moines de Saint-Denis et de Saint-Germain-des-Prés dont il était l'abbé, une provision fixe de vivres. Il s'était seulement déchargé du soin d'entretenir le vestiaire et les services autres que celui de l'alimentation, en assignant aux moines un certain nombre de *villae* dont les revenus seront affectés à ces divers besoins[3]. Mais plus tard dans ces monastères, l'abbé et les moines ont préféré étendre les mêmes dispositions au chapitre des provisions de bouche. A Saint-Denis, en 862, comme les *stipendia* fixés par le règlement d'Hilduin n'étaient pas versés régulièrement en raison de diverses vicissitudes[4], l'abbé Louis, à la prière des moines[5], leur abandonna

1. *Carta Einardi* : « quia constat vobis ab antecessoribus nostris minus plene subministrata fuisse stipendia vestra » (*Liber tradit.*, 2, éd. Fayen, p. 11).

2. « De rebus hujus monasterii quibus hactenus communiter utebamur peculiarem vobis portionem largiremur » (p. 13).

3. *Charte d'Hilduin* (*Conc. aevi Karol.*, t. I, p. 691) ; *Dipl. de Louis le p. pour Saint-Germain*, 13 janv. 829, B. M. 857 (*Histor. de Fr.*, t. VI, p. 559).

4. « ob multimodas necessitatum varietates quia saepius minus plene illis persolvi poterant » (*Dipl. de Charles le ch.*, 19 sept. 862, B. 1706, *Histor. de Fr.*, t. VIII, p. 577) ; « ob regni divisionem et diversarum incommoditatum rationem ac temporis insperati variatam mutabilitatem, sub constituta lege ex integro servari non poterat » (*Dipl. du conc. de Pitres de 862*, Mansi, t. XV, col. 631).

5. « placuit Hludowico abbati... petentibus eisdem fratribus » (*Dipl. cit. du conc. de Pitres*).

d'autres *villae*. Il fut convenu que les religieux cesseraient de recevoir certaines fournitures que leur devait le prélat. Les domaines leur sont livrés en place de 1.300 muids de seigle, de 300 muids de légumes, de 330 *pensae* de fromage, etc. Toutefois l'abbé procurera encore à ses moines leur approvisionnement de froment, soit 2.100 muids. Des vignes leur sont assignées, mais si la récolte ne produit pas 2.500 muids de vin, l'abbé fournira le surplus [1].

Dix ans plus tard, en 872, Gozlin, abbé de Saint-Germain-des-Prés, fait approuver par Charles le Chauve une consolidation semblable des rentes en nature servies à la communauté. La conversion des revenus en biens-fonds est ici beaucoup plus complète qu'à Saint-Denis. Comme les *stipendia* sont irrégulièrement versés, aux domaines assignés déjà au vestiaire et à divers services l'abbé ajoute d'autres *villae* qui sont dites *stipendiariae*. Les moines les reçoivent en place de 1.620 muids de froment, 180 de légumes, 160 *pensae* de fromage, 20 muids de graisse, 20 setiers de beurre, 4 setiers de miel, 100 muids de sel, etc. L'abbé ne doit plus de grain aux moines ; la seule charge qui lui incombe encore consiste à fournir aux religieux 8 muids de miel et la cire que rapporte une *villa* et à compléter la vendange si elle ne donne pas 2.000 muids de vin [2].

Ainsi, la méthode qui prévaut de plus en plus au cours du IXe siècle pour assurer le bon fonctionnement des services d'une église ou d'un monastère est celle d'une assignation de biens-fonds. L'usage, au reste, en est pratiqué anciennement dans nombre de monastères qui l'ont connu antérieurement au IXe siècle et bien avant l'époque où se constitue la mense conventuelle. Il convient d'examiner quelle forme prend cette assignation de

1. *Dipl. cités* (*Histor. de Fr.*, t. VIII, p. 577-8 ; MANSI, t. XV, col. 631-2.)

2. *Dipl. de Charles le ch.*, 20 avril 872, B. 1779 (*Histor. de Fr.*, t. VIII, p. 639-40).

biens-fonds, quel en est le caractère, comment elle prépare la séparation des menses au point de se confondre parfois avec celle-ci, bien que souvent encore, au IXe siècle et dans tous les cas avant ce temps, elle s'en distingue par des traits essentiels.

CHAPITRE III

LES ASSIGNATIONS DE BIENS AUX SERVICES MONASTIQUES

Parmi les biens des églises et des abbayes, il en est dès l'époque mérovingienne qui sont assignés à une destination spéciale [1]. L'affectation était quelquefois stipulée par le bienfaiteur suivant l'intention particulière qui avait provoqué sa libéralité. De telles donations ont le caractère d'une fondation pieuse ou charitable. Un fidèle a voulu que grâce à lui un plus brillant luminaire éclairât les saints tombeaux. Tel autre a souhaité qu'en son nom aumône fût distribuée aux pauvres d'une église, ou accueil fait aux étrangers et aux malades dans une hôtellerie monastique. Un pieux ami des moines a tenu aussi à être leur pourvoyeur effectif, leur nourricier; il s'est aperçu peut-être que les religieux souffraient pénurie soit de vivres, soit de vin, de vêtements, de chaussures; il leur a offert des domaines qui produisent ces denrées, dont les artisans fabriqueront ces articles, ou dont le revenu sera employé à en faire l'emplette.

Les donations avec affectation spéciale se sont multipliées au IXe siècle précisément parce que déjà la masse des propriétés monastiques a été soumise à une répartition : comme celle-ci laisse apparaître des insuffisances et lacunes, des libéralités nouvelles les combleront. Les assignations de biens-fonds à des services déter-

1. Cf. notre histoire de *la propriété ecclésiastique*, p. 173 et suiv.

minés sont en effet surtout le fait de l'administrateur du temporel monastique. Elles répondent à un programme d'économie domestique qui simplifie sa tâche. D'après les données qu'il possède, l'abbé estime que telle *villa* ou tel groupe de domaines suffira à tels besoins, et il l'affecte à ce chapitre des dépenses. Le plan comporte des retouches et des additions. Il arrive que les prévisions ne sont pas justifiées par la récolte et qu'une terre ne produit pas de quoi entretenir l'office monastique auquel elle est attribuée. Le prélat devra rétablir l'équilibre au moyen des biens qui n'ont pas d'affectation spéciale et constituent une sorte de réserve [1]. Pour l'avenir, il assignera d'autres domaines au service mal pourvu jusque-là, ou bien il provoquera quelque largesse qui, au regard de cet article du budget domestique, prémunira contre le déficit.

Cette assignation est faite quelquefois suivant de grandes lignes, en vue de services généraux. Un certain nombre de *villae* sont destinées aux usages *(ad usus)* des moines. Il n'est point fait détail de leurs dépenses, il n'est pas stipulé que tel bien fournira à tel besoin. L'ensemble doit suffire à l'entretien des religieux, au vivre et au vêtement, voire aux charges de l'aumône et de l'hospitalité.

A une date (877) où il existe à Marchiennes une mense conventuelle bien caractérisée, un diplôme royal énumère les *villae* qui pourvoieront à l'alimentation de la communauté. Si l'une d'elles, ajoute le rédacteur, est en retard, comme elles forment toutes une masse administrée par un seul prévôt, le déficit de l'une en vin ou en blé sera comblé par une plus-value dans l'autre et, si la somme totale n'est pas suffisante, l'abbé suppléera de son *indo-*

1. *Statuts d'Adalhard pour Corbie*, VI : « veniat ipsa annona de illis villis quas prepositus specialiter in ministerio habet; si necesse fuerit de omnibus; sin autem de illis quibus ipse cum abbate consideraverit » (éd. LEVILLAIN, *Moyen Age*, 1900, p. 356).

minicatum[1]. Il en était de même sans doute dans les monastères où à défaut de mense séparée, un lot de domaines était affecté, sous l'administration abbatiale, à la subsistance des moines. On comptait que l'équilibre s'établirait pour la production totale et, s'il y avait disette, les autres biens de l'abbaye fournissaient le surplus.

Souvent, un abbé soucieux de mettre de l'ordre dans la dépense a réglé un roulement suivant lequel les *villae* assignées aux besoins des religieux seront mises à contribution pour les nourrir. Dès la première moitié du VIIIe siècle, un abbé de Saint-Wandrille, Hugues, a désigné les *domaines* qui chaque mois alimenteront les moines. Le chroniqueur du monastère qui écrit au commencement du IXe siècle note que la mémoire de cet abbé reste en bénédiction auprès d'eux à cause des mensualités *(mensatae)* qu'il a établies à leur profit et qui étaient évidemment encore en usage à cette époque[2].

La même institution apparaît à Saint-Martin de Tours au temps d'Autlandus (avant 734[3]). Cet abbé a désigné 49 *villae* qui mensuellement *(mensuatim)* fourniront à tour de rôle de quoi entretenir les religieux[4]. Ce règle-

1. *Dipl. de Charles le ch.*, 12 juill. 877, B. 1818 : « si in aliquo aliquid horum vobis defuerit, quia unum sunt et sub uno praeposito, ex altero suppleatur; id est, si vinum aut annona in uno superabundaverit et alteri defuerit, ex superabundanti deficienti necessaria tribuantur; et si neutrum horum usibus fratrum suffecerit, ex indominicato cuncta necessaria suppleantur » (*Histor. de Fr.*, t. VIII, p. 667).

2. *Gesta abb. Fontan.*, 8 : « Mensatas hoc in coenobio constituit, deputatis scilicet villis quae per unumquemque mensem sufficientem praeberent alimoniam; idcirco memoria illius in benedictione manet » (*Script.*, t. II, p. 281).

3. Son successeur, Teutsindus, était déjà abbé de Saint-Martin quand il devint en outre abbé de Saint-Wandrille en 734 (*Gesta abb. Fontan.*, 10, *Script.*, t. II, p. 282).

4. *Dipl. de Charlemagne pour Saint-Martin*, 10 mai 775, B. M. 186 : « Hitherius innotuit qualiter antecessor suus Autlandus abba quasdam villas instituerit, quae fratribus mensuatim per totum annum servire deberent » (MÜHLBACHER, *Diplom. Karol.*, 97, t. I, p. 140).

ment subsiste au temps de l'abbé Ithérius ; il est confirmé par Charlemagne en 775. A cette date, les revenus de ces terres sont servis au cellérier qui, pendant onze mois de l'année, garnit la table des moines du produit de ces domaines. Pendant le mois de décembre, c'est le portier qui assurera la subsistance des religieux [1]. Au commencement du IXe siècle, les granges des métairies appartenant au monastère de Saint-Quentin sont probablement mises à contribution suivant un roulement mensuel. L'abbé Fulradus (811-33) se permit en effet de donner à l'un de ses serviteurs un domaine qui, depuis longtemps, était destiné à fournir pendant un mois entier les *stipendia* des serviteurs de Dieu [2]. Les rois, les grands laïques consomment d'ordinaire sur place les produits d'une *villa*, et quand il n'en reste plus rien s'en vont vivre sur un autre de leurs domaines. L'administrateur d'une communauté de religieux qui ne voyagent pas règle de la même manière leurs subsistances. Les *fratres* n'entameront les récoltes d'une *villa* qu'après avoir épuisé les provisions qui proviennent d'une autre.

Quelquefois aussi quand les exploitations agricoles affectées à la subsistance des religieux livrent toutes ensemble leurs produits, les fournitures sont faites mensuellement. A Marmoutier, où en 845 dix-huit domaines sont spécialement assignés aux *stipendia* des chanoines, bien qu'il n'y ait pas encore pour eux, semble-t-il, de mense séparée [3], l'abbé et les agents des religieux doivent leur livrer chaque mois des provisions tirées de

1. « Statuimus... ut... cellerario fratrum ministretur, sicut ordinatum est, unde tempore sibi instituto fratribus pleniter servire possit ; portarius autem mense decembri de suo ministerio serviat » (*loc. cit.*). Mention n'est pas faite de biens assignés à la *porta ;* peut-être les offrandes recueillies par le portier des mains des pèlerins et mises par lui en réserve sont-elles estimées suffisantes pour nourrir la communauté pendant un mois.

2. *Liber mirac. s. Quintini*, 16 : « villa quae dicitur Villare in stipendiis eorumdem Deo famulantium *mense integro* olim fuerat deputata... » (*Acta sanct.*, Oct., t. XIII, p. 806).

3. Cf. plus loin, p. 36.

ces *villae*[1]. A Saint-Germain-des-Prés[2], à Corbie[3], on trouve aussi trace au IXe siècle d'une répartition mensuelle de certains revenus.

De la part de l'administrateur du temporel monastique, c'est un simple règlement d'économie domestique. Le cellérier ne doit servir aux religieux les produits d'un domaine qu'au temps qui lui est marqué[4], c'est-à-dire quand vient le mois aux dépenses duquel ce bien est affecté. Il ménagera les vivres, de telle sorte que la récolte de telle terre ou qu'un douzième du revenu total suffise à chaque mensualité[5]. Celle-ci est une échelle de dépense ; elle aide à régler les rations en rapport avec l'approvisionnement.

Ailleurs et surtout vers le milieu du IXe siècle, qu'il existe une mense conventuelle proprement dite ou que l'ensemble du temporel relève encore de l'administration abbatiale, une répartition détaillée est faite pour chaque service (*ministerium*). Le cellier des moines ou chanoines qui leur fournit des vivres, le vestiaire ou la chambre (*camera*) qui leur procure le vêtement, la porte qui distribue l'aumône aux mendiants, l'hôpital des nobles qui abrite les hôtes de marque, l'hôpital des pauvres qui reçoit les misérables, l'école ou le noviciat monastique, l'infirmerie des religieux, la trésorerie qui fait les frais du culte et du luminaire, la fabrique qui entretient

1. *Dipl. de Charles le ch.*, 30 janv. 845, B. 1575 : « mensis omnibus ex ipsis villis eorum necessitas... suppleretur » (*Histor. de Fr.*, t. VIII, p. 474) ; « mensis singulis quae illis ex ipsis villis ab abbate ipsius monasterii eorumque junioribus reddenda sunt » (p. 475).

2. Une mensualité y est établie pour le miel et la cire. Douze *villae* fournissent chaque mois 4 setiers de miel et 2 livres de cire (*Dipl. de Louis le p.*, 13 janv. 829, B. M. 857 ; *Histor. de Fr.*, t. VI, p. 559).

3. A Corbie, on tue trente porcs par mois, et cette provision doit suffire au mois entier (*Statuts d'Adalhard*, éd. LEVILLAIN, XI de l'éd. Guérard, *Moyen Age*, 1900, p. 378-9).

4. *Dipl. cit. de Charlem. pour Saint-Martin :* « tempore sibi instituto. »

5. *Cf. Statuts d'Adalhard, loc. cit.* Voir plus haut, p. 15, n. 2.

les bâtiments, tous ces services ou un certain nombre d'entre eux ont leur dotation spéciale [1]. Parfois même, dans les monastères qui ont un abbé de même profession que les religieux et où il n'existe pas de mense conventuelle séparée, une assignation spéciale est faite en faveur du chef de la communauté afin qu'il puisse suffire aux dépenses personnelles auxquelles l'oblige sa charge. Ainsi en 858, lors de l'inventaire fait en présence de Charles le Chauve au monastère Notre-Dame de Soissons, après avoir affecté des biens aux divers services, les commissaires attribuèrent à l'abbesse régulière des religieuses deux domaines renfermant 78 manses, afin qu'elle puisse soutenir son rang [2]. En 845, dix-huit *villae* sont destinées aux usages des chanoines de Marmoutier et deux autres réservées à l'abbé et à ses successeurs [3].

Quelquefois aussi une assignation est faite aux besoins généraux des religieux. Puis il leur est accordé un domaine supplémentaire en vue de tel besoin spécial [4].

Le revenu des biens-fonds dont est doté un service particulier est ordinairement remis au religieux que l'abbé a chargé de cet office, cellérier [5], chambrier,

1. Voir notamment les chartes et diplômes délivrés à Saint-Vaast d'Arras, qui détaillent la dotation de tous les *ministeria* de l'abbaye (*Charte des évêques du concile de Verberie*, 866 ou 869, Mansi, t. XV, col. 785; *Dipl. de Charles le Ch.*, 30 oct. 867, B. 1743, *Histor. de Fr.*, t. VIII, p. 605; *Privil. de Jean VIII*, 28 déc. 875, J. W. 3.022, Guimann, *Cart. de Saint-Vaast*, éd. Van Drival, p. 35); les privilèges de Saint-Médard de Soissons (*Dipl. de Charles le Ch.*, 21 sept. 870, *Histor. de Fr.*, t. VIII, p. 628-9; *Privil. de Jean VIII*, 2 janv. 876, J. W. 3.033, Migne, P. L., t. CXXVI, col. 660). Cf. Pieschl, *op. cit.*, t. II, p. 17 et suiv.

2. « abbatissae quoque ut pro opportunitate potestatis se praeparet, duas ei villas delegavimus servituras. ., id est mansos LXXVIII » (dom Germain, *Hist. Notre-Dame de Soissons*, p. 430).

3. *Dipl. de Charles le Ch.* : « et insuper peculiariter habendas abbati ipsius monasterii, praesenti scilicet, suisque successoribus... » (*Histor. de Fr.*, t. VIII, p. 474).

4. Par exemple le 30 Juin 853, Charles le Chauve confirme aux moines de Saint-Germain d'Auxerre les *villae* assignées à leurs usages, et ajoute à cette dotation la *villa* d'Égléný pour leur vestiaire (Quantin, 34, p. 66-7).

5. *Charte de Walfrédus, abbé de Reichenau*, 1. Sept. 843 : « disposuimus quid utilitates et quale debitum singulis annis nostro communi cellerario

prévôt[1], doyen[2], hôtelier[3], portier[4], infirmier[5]. La dépense en est faite par les soins de cet officier monastique, sous le contrôle de l'abbé[6], là où il n'existe pas de mense

posset conferri » (*Wirtemb. Urkundenb.*, 108, t. I, p. 124). Suit la liste des quantités de légumes, fromage, chanvre, etc., que doivent fournir les diverses *villae* du monastère au cellérier. Celui-ci est dit le commun cellérier de l'abbé régulier et des moines ; on voit par là qu'il n'existe pas à Reichenau de mense conventuelle séparée. A Saint-Denis, en un temps où cette mense existe, des biens sont mis à la disposition du cellérier pour qu'il serve un repas aux moines le 24 novembre : « his... cellerarius fratrum proprio regimine et gubernatione utens » (*Dipl. de Charles le ch.*, 29 janv. 864, B. 1718 ; *Histor. de Fr.*, t. VIII, p. 590). A Saint-Martin de Tours, des *villae* sont assignées à la nourriture des moines et, au temps de Charlemagne, le cellérier doit tirer chaque mois de ces *villae* ce qui est nécessaire (cf. plus haut, p. 29). Il y a aussi à Corbie, au temps où sont rédigés les statuts d'Adalhard (éd. Levillain, p. 365), un cellérier qui préside au réfectoire et à la cuisine, mais dans cet établissement régulier, cet officier dépend de l'abbé, du prévôt et du doyen.

1. Voir la liste des biens qui au monastère de Saint-Vaast d'Arras sont assignés *ad cameram* et *ad praeposituram*. Il est stipulé que ceux de la prévôté seront « in ordinatione praepositi », le prévôt remplissant ici le *ministerium* du cellérier (*Dipl. de Charles le Ch.*, 30 Oct. 867, B. 1743 ; *Histor. de Fr.*, t. VIII, p. 605). A Corbie il est, au temps de l'abbé Adalhard, des *villae* « quas prepositus specialiter in ministerio habet » (*Statuts d'Adalhard*, VI, p. 356).

2. A Saint-Germain-des-Prés en 872, le *decanus* a la charge du vestiaire et autres « necessitates in diversis monasterii officinis subplendas » ; un lot de domaines est assigné aux diverses « utilitates a decano procurandas » (*Dipl. de Charles le ch.*, 20 avril 872, B. 1779, *Histor. de Fr.*, t. VIII, p. 639). Dans un diplôme du 9 oct. 870 (B. 1770 et p. 630) le même roi décide qu'à Saint-Denis, la *villa* de Ruel et toutes les charges auxquelles elle doit suffire seront « in providentia decani ».

3. Le concile d'Aix (can. CXLI) recommande aux prélats de veiller « ne cum cui hospitale pauperum committitur, res pauperibus deputatas in aliquo minuere aut his quasi beneficiario munere concessis sinant uti » (*Conc. aevi Karol.*, t. I, p. 416).

4. Le *senior portarius* à Corbie est le supérieur de l'hôtelier et règle les aumônes suivant les approvisionnements fournis par l'abbé (*Statuts d'Adalhard*, IV et V, p. 354-5). Sur le portier de Saint-Martin de Tours, voir plus haut, p. 29. A Saint-Vaast d'Arras la *porta* a une dotation (cf. plus haut, p. 31, chartes citées, n. 1).

5. « erit in ordinatione et providentia solliciti fratris qui custos infirmorum est » (*Dipl. de Charles le ch. cité pour Saint-Vaast*, *Histor. de Fr.*, t. VIII, p. 605).

6. Il en est ainsi à Saint-Mihiel au temps de Charlemagne : « Ermengaudus ordinavit et praecepto Caroli bullato confirmavit, quid abbas, quid provisor panis et salis et saginminis, quid provisor piscium, quid provisor vini, quid provisor luminarium, quid provisor pauperum, quid provisor hospitum habere deberent et omnes inde abbati responderent » (*Chron. de*

séparée et là où ces assignations subsistent au sein de la mense conventuelle, sous la surveillance du prévôt et du doyen de la communauté.

Les domaines simplement affectés aux besoins des religieux continuent de faire partie de la masse administrée par l'abbé. En 832, l'abbé de Saint-Martin de Tours avait encore la haute main sur les biens destinés au vestiaire et aux autres services du monastère. En dépit de cette affectation spéciale, il avait donné quelques-unes de ces *villae* en bénéfice[1]. Il demande à l'empereur de les faire rentrer dans son *dominium*, afin qu'à l'avenir lui et ses successeurs puissent du rendement de ces domaines approvisionner les religieux de vivres et de vêtements[2].

Quelquefois l'acte même qui effectue ou confirme la séparation des menses spécifie que les biens qui forment désormais une mense conventuelle étaient antérieurement assignés à l'usage des moines. Benoît d'Aniane, trouvant à Sainte-Colombe de Sens un abbé non régulier, a mis à part pour servir exclusivement aux moines, sans que l'abbé y puisse rien prétendre, des domaines qui dans les temps anciens étaient destinés à subvenir à leurs besoins[3]. En 862, Charles le Chauve compose une mense pour les chanoines de Saint-Martin de quelques-unes des

Saint-Mihiel, 4, *Script.*, t. IV, p. 80). La chronique est du XIe siècle, mais l'historiographe de l'abbaye paraît bien avoir utilisé un diplôme de Charlemagne.

1. *Dipl. de Louis le p.*, 14 nov. 832, B. M. 909 : « quasdam villas ejusdem monasterii sibi servientibus in beneficium dedisset, quae ad usum fratrum... olim deputatae fuerant et ob hoc vestimenta et sumtus necessarios eis pleniter ministrare non posset » (*Histor. de Fr.*, t. VI, p. 582).

2. *Loc. cit.* : « nostra concessione... easdem villas in suum dominium idem abbas revocaret, et tam ipse quam et successores ejus eo modo eis debita stipendia et vestimenta subministrare possent ».

3. *Dipl. de Louis le p.*, 2 avril 836, B. M. 961 : « quasdam villas quae priscis temporibus ad usus fratrum... fuerant destinatae, segregavit, ut absque regali aut publico servitio, vel quolibet abbatis dono aut exactione, usibus eorum perpetuo deservirent » (QUANTIN, *Cart. de l'Yonne*, 25, t. I, p. 50).

villae affectées à leurs usages par les privilèges des papes et des rois ses prédécesseurs [1].

Souvent, au IXe siècle, il est dit des biens d'une mense conventuelle récemment établie qu'ils servaient à l'usage des moines depuis très longtemps. En 876, Charles le Chauve, confirmant aux moines de Saint-Ouen de Rouen la possession de leur mense, déclare que les domaines qui la composent étaient réservés aux besoins de ces religieux depuis l'épiscopat de Remi (754-72) [2]. Des prédécesseurs de Louis le Pieux auraient déjà confirmé l'affectation d'un certain nombre de propriétés à l'usage des chanoines de Saint-Bavon de Gand [3]. On a vu qu'à Saint-Martin de Tours, à Saint-Wandrille, des *villae* étaient attribuées au service des vivres en faveur des religieux dès la première moitié du VIIIe siècle. Ces assignations ne constituaient pas encore expressément une mense. Jusqu'au commencement du IXe siècle et quelquefois encore au cours de ce siècle, elles ont seulement le caractère d'un simple règlement arrêté en vue de la dépense par le prélat qui garde la direction de toute l'administration. Le revenu de certaines terres a été affecté aux frais du vivre et du vêtement de la communauté avant que la libre disposition, la possesion et la gestion de ces domaines lui soient abandonnées et qu'une mense conventuelle proprement dite apparaisse.

Mais ces faits démontrent non moins clairement que l'affectation de certains biens aux services monastiques prépare la mense conventuelle indépendante. Souvent de l'une à l'autre il n'y a pas solution de continuité. Les domaines assignés aux moines ont formé leur mense à partir du jour où l'abbé a spontanément décidé, où un ordre du roi a signifié au *rector* que ces biens cesseront

1. *Dipl. de Charles le ch.*, 23 avril 862, B. 1701 (*Hist.de Fr.*, t. VIII, p. 572).
2. *Dipl. de Charles le ch.*, 26 Mai 876, B. 1796 (p. 630).
3. *Dipl. de Charles le ch.*, 11 Oct. 864, B. 1726 (p. 594).

d'être administrés par le prélat, mais seront remis aux mains des religieux qui déjà en consommaient seuls les revenus. Il y a d'ordinaire identité entre la mense conventuelle et le groupe des *villae* antérieurement affectées aux besoins des religieux. Quand il a été fait une assignation détaillée à chacun des services monastiques, l'ensemble de ces dotations constituera la part de la communauté. Un bon nombre de menses conventuelles s'élaborent ainsi sous la forme embryonnaire d'un lot de biens assignés aux usages des *fratres* mais gérés par le prélat ; c'est souvent par une évolution insensible que l'administration en a passé aux mains des moines ou des chanoines pourvus dès lors d'une mense proprement dite.

Quelquefois les religieux n'ont obtenu qu'il fut constitué en leur faveur une mense séparée qu'à la condition de sacrifier une portion des biens jadis réservés à leur usage. Les *villae* assignées aux *stipendia* des chanoines de Saint-Martin de Tours par Charlemagne, Louis le Pieux et Charles le Chauve ont été en majeure partie soustraites à cette affectation en raison de la négligence de leur abbé. Faisant droit à leurs plaintes, Charles le Chauve décide qu'il leur sera concédé un certain nombre de *villae* prises parmi celles qui leur étaient précédemment affectées[1]. Leur part est ainsi réduite, mais ces biens sont remis à leur discrétion *(ad nutum)*. Il ne sera plus permis aux abbés et prévôts du monastère de rien changer à ce règlement royal[2]. Ces domaines ne sont plus comme en 832 sous le *dominium* de l'abbé. Il ne lui appartient plus de faire parvenir aux chanoines ce qui leur revient des propriétés du monastère consacrées à leurs dépenses[3]. L'administration, la

1. *Dipl. de Charles le ch.*, 23 avril 862, B. 1701 : « ex potiori villarum numero hactenus eis attributo, quasdam villas specialiter... eisdem fratribus ad nutum concedere » (*Histor. de Fr.*, t. VIII, p. 572).

2. *Ibid.*

3. Cf. plus haut, p. 33, n. 3.

possession de ces *villae* ont passé de l'abbé à la communauté. Moyennant quelques sacrifices, elle a obtenu qu'à une simple assignation de biens fut substituée une mense proprement dite.

Quelquefois, en même temps qu'on l'établit, on procède à un remaniement du lot des domaines précédemment affectés aux besoins des religieux. En 845, l'abbé de Marmoutier, Ragénoldus, renouvelait simplement en faveur des chanoines l'assignation qui leur avait été jadis faite. Sept ans plus tard, l'abbaye n'est plus aux mains d'un abbé religieux mais d'un *rector* laïque, Robert le Fort. Aussi en 852, il semble que les chanoines soient mis en possession de leur part, qu'ils aient désormais la faculté de la gérer eux-mêmes et d'en régler l'usage à leur gré. Il n'est plus stipulé en effet dans le diplôme rendu à cette date par Charles le Chauve[1] comme dans l'acte de 845[2] que l'abbé servira aux chanoines le revenu des *villae* assignées à leur usage. Une clause apparaît qui interdit au *rector* de détourner ces biens de leur destination et de les donner en bénéfice. Mais à l'exception de la *villa* qui figure en tête des deux listes, on voit que la dotation accordée aux chanoines en 852 est toute différente de celle qui leur était assignée en 845 ; elle ne se compose pas des mêmes biens et elle paraît être plus maigre[3].

Affecter des biens à l'usage des religieux, comme l'usage s'en établit dès le VIIIe siècle, ce n'était donc pas préci-

1. 3 avril 852, B. 1632 (*Histor. de Fr.*, t. VIII, p. 520-1).

2. Cf. plus haut, p. 29 et 30, n. 1.

3. En 845, dix-huit *villae* sont assignées aux chanoines. En 852, la première d'entre elles, *Bria*, reparaît avec les *villulae* qui en dépendent et qui sont au nombre de huit. Treize *villae*, une église, la *portaria* du monastère, sise près du cloître et les quatre *villulae* qui dépendent de la dite porterie complètent la dotation des chanoines. Dans ce lot, le nombre des *villae* est moins considérable. Ces données sont d'ailleurs problématiques, car nous ignorons quelle était l'importance de ces divers domaines, le nombre des manses qu'ils contiennent n'étant même pas connu.

sément leur constituer une mense, au sens où le mot est entendu plus tard. Mais cette coutume d'ordre purement économique, cette réglementation de la dépense des divers services monastiques, antérieure à l'établissement des menses et qui subsiste quand la mense conventuelle est établie, la prépare; elle en fournit la base. Dans le temporel indivise autrefois ont apparu des lignes de sectionnement; il n'y a plus eu qu'à découper dans la masse suivant les jalons déjà posés la part qui sera remise aux religieux et qu'eux seuls administreront et dépenseront à leur guise.

CHAPITRE IV

POURQUOI S'ÉTABLIT LE RÉGIME DES MENSES SÉPARÉES

L'éclosion de la mense conventuelle que préparent des faits économiques, des règlements d'administration domestique, est d'autre part une conséquence d'événements d'ordre religieux et politique.

L'apparition de menses séparées suppose la naissance de personnes ecclésiastiques distinctes. Dans le temporel des églises et des monastères fut prélevée, au IXe siècle, une part destinée à la communauté et administrée par elle, parce qu'elle s'était nettement distinguée du prélat.

A la fin du VIIIe et au commencement du IXe siècle, la réforme du clergé des églises cathédrales et des grandes basiliques en fit une communauté de *canonici*[1]. Les clercs de l'église de Metz ont été contraints par leur évêque, Chrodegang, d'observer une règle[2] qui a été peu à

1. Peut-être la *vita communis* existe-t-elle dans quelques églises à l'époque mérovingienne (Cf. PŒSCHL, *Das Bischofsgut*, t. I, p. 58), mais il n'est jamais question en ces temps d'une règle organisant en communauté proprement dite les clercs astreints à y célébrer l'office.

2. *Reg. Chrodeg.* (MANSI, t. XIV, col. 314 et suiv.). Cette version, éditée pour la première fois par Labbe, est le texte authentique de la règle écrite par Chrodegang pour les chanoines de Saint-Étienne. Un autre texte interpolé de la règle de Chrodegang, édité par d'Achery et reproduit par Mansi (*ibid.*, col. 332 et suiv.), est une combinaison de la règle messine avec le statut publié par le concile d'Aix.

peu adoptée par toutes les églises[1]. Les conciles tenus à la fin du règne de Charlemagne supposent la discipline canoniale en vigueur dans chaque cité[2]. Le concile d'Aix, réuni en 816 par Louis le Pieux, élabore un nouveau statut[3] conforme en ses grandes lignes à la règle de saint Chrodegang[4] et que l'empereur rend obligatoire dans tout l'empire.

Les règlements de vie des *canonici* instituaient pour eux un cloître, un dortoir commun, un réfectoire, un cellier[5], les astreignaient à chanter l'office à des heures réglées[6], les soumettaient à une discipline stricte qui se rapprochait beaucoup d'une règle monastique[7]. S'il était permis aux *canonici* de posséder en propre, si un vêtement moins rude, un régime alimentaire moins austère leur était accordé[8], le collège des chanoines ressemblait pour tout le reste à une communauté de moines. La vie canoniale parut être la voie moyenne entre la licence des clercs affranchis de toute règle et la sévérité des institutions de saint Benoît. Aussi fut-elle adoptée volontairement dans nombre de monastères dont les religieux avaient rejeté le joug de l'ancienne règle[9]. En 816, le

1. Cf. Hauck, *Kirchengesch. Deutschlands*, t. II, p. 66.

2. *Conc. de Mayence de 813*, can. VIII (M. G., *Conc. aevi Karol.*, t. I, p. 262); *de Tours*, can. XXIII (p. 289).

3. *Conc. aevi Karol.*, t. I, p. 312.

4. Cf. Hauck, *op. cit.*, p. 585.

5. *Reg. Chrodeg.*, 3 (Mansi, t. XIV, col. 316) ; *Conc. d'Aix*, can. CXVII (*Conc. aevi Karol.*, t. I, p. 398); *Indiculum Ebbonis* (Varin, *Arch. admin. de Reims*, t. I, p. 31).

6. *Reg. Chrodeg.*, 5-7 (col. 317-8); *Conc. d'Aix*, can. CXXVII-CXXXI (p. 406-8). Cf. Pœschl, t. I, p. 62.

7. « Clerum adunavit (Chrodegang) et ad instar coenobii intra claustrorum septa conservari fecit » (*Gesta episc. Met.*, *Script.*, t. II, p. 268). Cf. Hauck, t. II, p. 62.

8. *Conc. d'Aix*, can. CXV : « liceat linum induere, carnibus vesci, dare et accipere proprias res et ecclesiae » (p. 397); cf. *Reg. Chrodeg.*, 20, 22, 31 (col. 322, 324, 328).

9. En 813, les conciles réformateurs parlent déjà des *monasteria canonicorum vel monachorum* (*Conc. de Mayence*, can. XVII, p. 266; *de Tours*, can. XXIII et XXIV, p. 289).

concile d'Aix et les ordres de l'empereur imposèrent cette réforme à tous les monastères où n'était pas pratiquée la stricte observance [1]. Le concile légifère sans les distinguer pour les clercs des églises épiscopales et pour les *canonici* des basiliques et des monastères [2]. Il y avait désormais identité aux yeux de tous entre la communauté d'une abbaye non régulière et le corps des clercs attachés au service d'une église.

Jadis simples auxiliaires et serviteurs de l'évêque, les clercs d'une cathédrale formèrent dès lors une communauté qui eut une vie indépendante, des besoins, des intérêts autres que ceux de leur prélat. L'évêque désigné par le roi parmi ses clercs familiers est absorbé souvent par les affaires séculières. Tandis que le prélat voyageait pour défendre les droits de l'église, fréquentait le palais, parfois suivait les armées, remplissait des missions de la part du monarque [3], les *canonici* menaient dans leur cloître une vie sédentaire et chantaient l'office dans l'église aux heures marquées. Établie dans une demeure édifiée pour elle, gouvernée par des dignitaires et administrateurs, prévôt, doyen, cellérier, qui distribuent aux *fratres* les *stipendia* de l'église et les aumônes des fidèles [4], la *canonica*, nettement distinguée de la personne de l'évêque [5], devient apte à recueillir et à gérer les biens dont elle a besoin pour subsister.

1. *Hludowici epist. ad archiep., Conc. aevi Karol*, t. I, p. 462.

2. Cf. Hauck, *Kirchengesch. Deutschlands*, II, p. 585.

3. Cf. Pœschl., *Das Bischofsgut*, t. I, p. 155-7, 169.

4. *Conc. d'Aix*, can. CXL : « cellararius... qui et stipendia fratrum fideliter servet. Cui etiam pistrinum fratrum committendum est ne ministri ibidem deputati annonam fratrum... dissipent » (*Conc. aevi Karol.*, t. I, p. 416) ; *Indic. Ebbonis :* « sollicitudo ejus (praepositi)... est dispensatio fratrum publica, honeste disposita in victu et potu, sive omni subsidio corporali... sive de eleemosynis fidelium necnon et de dono propriae procurationis publicae » (*Varin*, p. 31). Il existe alors dans le chapitre de l'église de Reims plusieurs doyens subordonnés au prévôt (*ibid*).

5. Cf. Pœschl., t. I, p. 173.

Dans le même temps où les clercs des églises devenus des chanoines formèrent une communauté à côté de l'évêque, dans la plupart des basiliques et monastères, l'abbé fut lui aussi un personnage entièrement étranger à la communauté des moines ou des chanoines. Depuis le temps de Charles Martel[1], les abbayes sont données d'une manière habituelle par les Carolingiens à des séculiers, à des laïques. L'abus dénoncé maintes fois est enraciné à un tel point et si profitable au monarque et aux *milites* dont il lui faut payer les services, qu'un prince pieux comme l'empereur Louis, après avoir marqué quelque velléité de rétablir les usages canoniques[2], fera comme ses prédécesseurs. Dans la circulaire envoyée aux archevêques à l'issue du concile d'Aix, l'empereur confesse que beaucoup de clercs détiennent des monastères féminins, que de nombreux laïques ont obtenu des monastères d'hommes et de femmes[3]. Il en conclut non pas que l'abus doit disparaître, mais qu'il appartient aux évêques de faire respecter dans ces maisons la règle canoniale. Wala se plaint près de Louis le Pieux que presque tous ces établissements, réguliers ou non, à population masculine ou féminine, soient occupés par des laïques qui y introduisent le désordre[4]. Charles le

1. Au temps de Charles Martel, son neveu Hugues, évêque de Paris, Bayeux et Rouen, reçoit en outre les abbayes de Saint-Wandrille et de Jumièges (*Gesta abb. Fontan.*, 8, *Script.*, t. II, p. 280). Après lui, Lando, évêque de Reims, tient *jure beneficii* l'abbaye de Saint-Wandrille avec la *cella s. Sidonii* (9, p. 281). Teutsindus reçoit la même abbaye et Saint-Martin de Tours (10, p. 282). Wido, parent de Charles Martel, clerc séculier vivant comme un *miles* (11, p. 284), occupe Saint-Wandrille et Saint-Vaast d'Arras. Jérome, fils de Charles Martel, aurait été le premier abbé laïque de Saint-Quentin (COLLIETTE, *Mém. pour l'hist. du Vermandois*, t. I, p. 307).

2. PASCHASE RATBERT, *Vita Walae*, II, 4 : « tunc temporis nonnulla (monasteria) jam a laicis tenebantur...; cum bene coepisset rex de his. in fine... a saecularibus sunt pervasa » (MABILLON, *Acta sanct. O. S. B*, saec. IV, P. I, p. 470). Cf. A. HIMLY, *Wala et Louis le débonnaire*, p. 110.

3. : « Quamquam enim nonnulli clerici monasteria puellarum et nonnulli laici monasteria virorum etiam et puellarum habeant » (*Conc. aevi Karol.*, t. I, p. 462).

4. *Vita Walae*, II, 4 : « a laicis paene omnia monachorum et canonicorum,

Chauve dispose des abbayes comme si elles étaient des biens du fisc, en faveur de ses fidèles, des grands du royaume, de ses fils[1] ; quelquefois il se les réserve à lui-même et en distribue les domaines en bénéfice[2].

L'abbé d'un monastère ainsi tombé en des mains séculières n'était plus vis-à-vis de la communauté qu'un parasite envahissant. Usufruitier du temporel monastique, il vit en marge et aux dépens des religieux. Ses goûts, ses besoins, ses intérêts sont en opposition avec ceux des habitants du cloître. Aussi la communauté s'est-elle organisée en dehors de l'abbé séculier ; les officiers conventuels ont pris toute la charge du gouvernement spirituel et de l'administration intérieure de l'abbaye[3]. L'abbé est un maître étranger qu'on ménage, dont les moines ou chanoines ont intérêt à s'assurer les bonnes grâces, mais dont ils se défient et qui n'est plus le père de la communauté, inséparable de sa famille.

Ainsi est apparue une personne ecclésiastique nouvelle, le collège des chanoines ou des moines distinct désormais de la personne de leur prélat, apte à recueillir et à administrer une dotation particulière, une mense. Or, il fut nécessaire d'assurer à ces communautés autonomes la jouissance d'un temporel qui suffirait à les faire vivre.

necnon et feminarum monasteria occupen et sint omnia depravata » (p. 471).

1. Cf. *Ann. Bertin.*, ad ann. 858 (ed. in usum schol., p. 50), 860 (p. 54), 863 (p. 61), 865 (p. 79), 866 (p. 81) etc. Sur les abbés laïques de Saint-Riquier voir HARIULF, *Chron. de Saint-Riquier*, III, 9, 10, éd. F. LOT, p. 113 et suiv. et TRAUBE, *Poetae latini*, t. III, p. 268 ; de Saint-Bertin, FOLCUIN, *Chartul. Sithiense*, I, 56 (GUÉRARD, *Cart. Saint-Bertin*, p. 74). Voir pour la Lorraine la liste des abbés laïques de la 2e moitié du IXe siècle, dressée par M. Hauck (*Kirchengesch. Deutschlands*, t. II, p. 598, n. 2).

2. Ainsi fit-il pour Saint-Quentin, Saint-Vaast (*Ann. Bertin.*, 866, p. 84), Saint-Denis (867, p. 86).

3. *Ann. Bertin.*, 867 : « Karolus rex abbatiam ipsius monasterii (Saint-Denis) sibi retinuit, causas monasterii et conlaborationem per praepositum et decanum atque thesaurarium... geri disponens » (p. 86).

Le patrimoine qui nourrissait les clercs et les moines a été très réduit par la mainmise des Carolingiens, spoliation dont Charles Martel a donné le signal. Les biens ecclésiastiques furent distribués entre ses *milites* pour les aider à s'équiper [1] et récompenser leurs services. Pépin rend aux églises les plus éprouvées une part de ce qui leur a été pris, mais il étend, semble-t-il, méthodiquement la *divisio* à celles qui n'avaient pas été atteintes par la spoliation [2]. Charlemagne et ses successeurs accordent de nouvelles restitutions aux serviteurs de Dieu, mais continuent d'entretenir leur *militia* aux dépens des églises et des monastères [3]. Il est dans la première moitié du IXe siècle des hommes qui pensent et disent qu'il ne faut laisser aux établissements religieux que les biens nécessaires à l'entretien des clercs et des moines ; le reste doit être partagé aux mains de ceux qui défendent le royaume [4].

A la fin du VIIIe siècle, les biens des églises et des monastères s'échappent en outre par deux issues tenues pour régulières. Ou bien le roi les donne lui-même en bénéfice à ses fidèles *(precariae verbo regis)* [5], ou bien

1. Cf. H. Brunner, *Der Reiterdienst und die Anfänge des Lehnwesens* (dans *Forsch. zur Gesch. d. deutschen Rechtes*, p. 71) et Pœschl, *op. cit.*, t. I, p. 115.

2. Cf. Ribbeck, *Die sogenannte Divisio*, p. 69-70.

3. Cf. Pœschl, p. 119 et suiv.

4. Paschase Ratbert (*Vita Walae*, II, 4) déclare qu'on prêtait à tort ce sentiment à Wala : « de eo nonnulli calumniantur quia voluerit res ecclesiarum dividerentur, tantumque remaneret ecclesiis, quantum admodum sufficeret ; cetera vero militiae deservirent » (Mabillon, *Acta sanct. O. S. B*, Saec. IV, P. I, p. 470). Dans deux manuscrits du Xe siècle du recueil des capitulaires d'Anségise, une note marginale explique que le capitulaire de 818-9, attribué par ce compilateur à Charlemagne et qui interdit de diviser les biens d'église, a été promulgué « quia laici homines volebant dividere episcopia et monasteria ad illorum opus et non remansisset ulli episcopo nec abbati nec abbatissae nisi tantum ut canonici et monachi viverent » (Boretius, *Capit.*, t. I, p. 333).

5. Le capitulaire d'Héristal de 779 se réfère à une coutume ancienne déjà : « De rebus vero aecclesiarum que usque nunc per verbo domini regis homines seculares in beneficium habuerunt, ut inantea sic habeant »

le prélat les cède en précaire à des laïques qui deviennent les vassaux de l'église ou du monastère[1]. Soit qu'ils obéissent à un ordre venu du palais, soit qu'ils agissent de leur propre chef, les indignes évêques créés au temps de Charles Martel et dont la présence auprès du roi Pépin faisait fuir saint Boniface[2], les abbés séculiers et dilapidateurs distribuent largement entre des bénéficiers les biens dont ils ont la gestion. L'abbé de Saint-Wandrille Teutsindus a cédé à ses parents et aux *milites* du royaume près du tiers des biens de l'abbaye. A lui seul, le comte Ratharius a reçu en précaire vingt-neuf *villae* moyennant un cens dérisoire de soixante sous[3]. Quand meurt en 787 l'abbé séculier Wido, il ne reste à l'usage des moines que 1569 manses; les bénéficiers de l'abbaye en détiennent 2395[4]. Au IXe siècle, les grandes abbayes entretiennent un nombre considérable de *milites* par les bénéfices qu'elles ont dû leur accorder[5].

(13, BORETIUS, t. I, p. 50). Pépin et Carloman ont converti en précaires à charge de cens les concessions de biens ecclésiastiques faites antérieurement aux *milites* (*Conc. Liptin.*, 2; *Capit. Suession.*, 3, p. 28-9). *Cf.* PŒSCHL, I, p. 117.

1. *Capit. d'Héristal*, 13 : « Et sit discretio inter precarias de verbo dominico factas et inter eas quas episcopi et abbates et abbatisse eorum arbitrio vel dispositione faciunt, ut liceat eis, quandoquidem eis placuerit, res quas beneficiaverint ad partes ipsius aecclesiae recipere » (p. 50). L'église ne peut reprendre les biens donnés en bénéfice sur l'ordre du roi; le prélat peut au contraire révoquer les concessions qu'il a faites de son plein gré. Cf. PŒSCHL, p. 148.

2. *S. Bonif. epist.*, 86 (*Epist. merow. aevi*, t. I, p. 368).

3. *Gesta abb. Fontan.*, 10, *Script.*, t. II, p. 282-3.

4. *Ibid.*, 15, p. 290.

5. Voir la liste des *milites* bénéficiers de Saint-Riquier dans HARIULF, *Chron. de Saint-Riquier*, III, 3 (éd. F. LOT, p. 96-7). Il en était à Saint-Germain-des-Prés comme à Saint-Wandrille et à Saint-Riquier. De la partie du polyptyque d'Irminon qui décrivait les bénéfices, subsistent seulement deux fragments (éd. GUÉRARD, p. 278-282). Ils ne signalent qu'une faible partie des nombreux bénéfices que l'abbaye a dû concéder (*Prolégom.*, t. I, p. 34-5. Guérard suppose, gratuitement d'ailleurs, que la proportion entre les biens des bénéficiers et les biens réservés est à Saint-Germain la même qu'à Saint-Wandrille. A ce compte, il évalue le nombre des bénéfices tenus de Saint-Germain à 340 : ces bénéfices auraient compris 4572 manses tributaires, alors que les terres réservées en contiennent seulement 2743. Cf. p. 902). Le polyptyque de Saint-Bertin renfermait aussi la liste des biens concédés

Maints établissements religieux, appauvris par la *divisio* de leur temporel, par la constitution des précaires en faveur des laïques, ne peuvent plus faire face à leurs charges ordinaires. Il n'est point rare, dans les premières années du IXe siècle, qu'un évêque nouvellement promu trouve en ruines l'habitation qui abritait jadis l'évêque et les chanoines, et que ses prédécesseurs n'ont pu entretenir en raison de leur indigence [1]. Leidradus, archevêque de Lyon, écrit à Charlemagne que son église, au temps où il la reçut, était dépourvue de tout [2]. En 829, les évêques se plaignent auprès de Louis le Pieux que les églises épiscopales sont vides de leurs biens et réduites à rien [3]. Les archevêques de Sens n'ayant plus de quoi subsister ont été contraints de saisir le temporel des abbayes de leur diocèse et de vivre à leurs dépens [4].

Ce sont naturellement les clercs et les moines qui ont pâti le plus du pillage des biens de leur église et de leur monastère [5]. Un abbé régulier, un pieux évêque qui souhaitait remplir vis-à-vis d'eux ses strictes obligations, ne le pouvait pas toujours en raison de sa propre indigence.

à des *milites et cavallarii* (FOLCUIN, *Chartul. Sithiense*, II, 15, éd. GUÉRARD, p. 97), qui n'a pas été conservée. Quand fut composé vers le milieu du IXe siècle le polyptyque de Saint-Remi de Reims, les bénéfices ne formaient toutefois, semble-t-il, qu'une faible portion des biens de ce monastère (GUÉRARD, *Polypt. de Saint-Remi*, p. XII et 93).

1. *Form. imper.*, 25, confirmant un précepte de Charlemagne « in qua continebatur, eo quod tempore, quo pastoralem praefatae civitatis suscepit curam..., aedificia in quibus episcopi et canonici jam pridem habitaverant, per inopiam praedecessorum suorum pontificum diruta et paene ad nihil um redacta invenisset » (ZEUMER, *Form.*, p. 304).

2. *Epist. var.*, 30 (*Epist. Karol. aevi*, t. II, p. 542). Cf. *Chron. d'Adon*, 737 (*Script.*, t. II, p. 319).

3. *Episc. relatio*, 7 : « quasdam sedes episcopales, quae rebus propriis viduatae, immo annullatae esse videntur » (BORETIUS, *Capit.*, t. II, p. 39). Cf. *Conc. de Paris de 828*, III, 15 (*Conc. aevi Karol.*, t. I, p. 675).

4. *Dipl. de Louis le p. du 18 avril 822*, B. M. 756 (QUANTIN, *Cart. de l'Yonne*, 17, t. I, p. 33); *de Charles le ch. du 23 février 848*, B. 1600 (QUANTIN, 27, p. 54); *Charte de l'archevêque de Sens Aldric de 833* (21, p. 40). Cf. PŒSCHL, *op. cit.*, t. II, p. 215.

5. Cf. PŒSCHL, t. I, p. 176-9.

Les prélats séculiers des monastères, peu soucieux des intérêts des religieux, emploient les biens tombés en leurs mains indignes, à entretenir leur suite, fidèles, chevaux et meutes[1]. Ragenfrédus, évêque de Rouen, devenu par la grâce de Charles Martel recteur de Saint-Wandrille, n'avait aucun égard aux besoins des moines; il leur refusait vivres et vêtements et employait toutes les ressources à son usage[2] : « Depuis que vous avez donné notre abbaye en bénéfice à tel personnage, écrivent probablement à Charlemagne, avant l'an 800, des moines suppliants, depuis ce jour nous n'avons plus eu ni les vêtements, ni les chaussures, ni l'huile, le savon, les aliments qui nous étaient habituellement fournis »[3]. Benoît d'Aniane, rapporte son biographe, voyant les gens se ruer à l'attaque des monastères, faire assaut, pour les obtenir, de prières et même de présents, puis consacrer à leurs dépenses personnelles les *stipendia* des moines, est allé trouver Louis le Pieux et l'a supplié de mettre un terme à ces abus ruineux pour le temporel et pour la discipline des établissements religieux[4]. En 855, les moines de Fleury se plaignent de la pénurie dont ils souffrent parce que les prélats du monastère en ont distribué tous les biens aux séculiers[5].

1. *Gesta abb. Fontan.*, 10, sous Teutsindus : « unde milites Christi alimoniam consequebantur, inde nunc pastus exhibetur canibus... inde armillae, balthei et calbares fabricantur, necnon sellae equinae » (*Script.*, t. II, p. 283); *Coll. Flavin.*, 44 (ZEUMER, p. 481). Cf. BRUNNER, *op. cit.*, p. 82-4.

2. *Gesta abb. Fontan.*, 12, p. 285.

3. *Form. sal. Merkel.*, 61 (ZEUMER, p. 262).

4. *Ardonis vita Benedicti Anian.*, 39 : « Cernes quoque nonnullos totis viribus anelare in adquirenda monachorum coenobia eaque non tantum precibus ut obtineant, verum etiam decertare muneribus, suisque usibus stipendia monachorum expendi » (*Script.*, t. XV, p. 217).

5. *Dipl. de Charles le ch. pour Fleury* (PROU, VIDIER, *Chartes de Saint-Benoît*, 22, t. I, p. 51). Aux yeux des éditeurs qui considèrent cette charte comme suspecte, ce passage serait précisément un indice de fausseté. Mais bien des faits montrent que les prélats des monastères, séculiers ou non, distribuent largement les biens de leur abbaye en bénéfice à des laïques.

La disette introduit le relâchement dans les couvents réguliers ; elle dissout les communautés de moines et de chanoines. Réduits à la dernière indigence, ceux-ci sont obligés de quitter leur cloître pour gagner leur vie ou mendier leur pain. Les conciles de réforme tenus à Tours en 813, à Aix en 816, recommandent aux évêques et aux abbés de donner aux *clerici canonici* des cités et aux *canonici* des monastères le vivre et le vêtement, crainte que la pauvreté ne les contraigne à vagabonder et à s'occuper de trafic honteux [1]. En 822, Jérémie, archevêque de Sens, expose à Louis le Pieux que la *divisio* des biens des établissements de son diocèse, l'emploi que ses prédécesseurs besoigneux ont dû faire à leur propre usage du temporel des moines, ont ruiné l'observance, jeté hors du cloître les religieux réduits à quémander honteusement leurs aliments [2]. Vers le même temps, les moines de Moyenmoutier, qui ne reçoivent pas le nécessaire de leur abbé, ont déclaré à l'évêque de Toul, Frotharius, qu'ils préfèrent être chassés du monastère, vivre comme des vagabonds et des mendiants, plutôt que de se fier à des promesses mensongères et ne mener dans leur cloître qu'un simulacre de vie religieuse [3]. Le relâchement est presque toujours mis au compte de la pénurie dont souffrent les communautés. Sous Pépin

1. *Conc. de Tours*, can. XXIII : « canonici clerici civitatum... victum et vestitum juxta facultatem episcopi accipiant, ne paupertatis occasione compulsi, per diversa vagari ac turpibus se implicare negotiis cogantur... » (*Conc. aevi Karol.*, t. I, p. 289). Le can. XXIV applique la même règle aux monastères de *canonici* (*ibid.*). Le can. CXXII du concile d'Aix (p. 402) reproduit les mêmes dispositions applicables indifféremment aux *canonici* des églises et à ceux des monastères.

2. *Dipl. de Louis le p.* : « urgente omnimoda inopia, longe a suo proposito aberrantes exorbitaverunt... dum a monasterii claustris, turpiter quaeritando ea quibus suam tuerentur inopiam, longe lateque vagantur » (QUANTIN, *Cart. de l'Yonne*, 17, t. I, p. 33-4). Cf. *Dipl. de Charles le ch. de 847* (27, p. 54).

3. *Froth. epist.*, 21 : « dicentes se magis velle de eodem monasterio expelli et in peregrinatione et mendacitate vivere, quam falsis promissionibus ulterius credere et sub falso monachorum nomine militare » (*Epist. Karol. aevi*, t. III, p. 291).

le Bref, l'abbé de Saint-Wandrille, Wido, a distribué aux hommes du roi les biens du monastère ; l'indigence des moines fit péricliter la règle[1]. S'il faut en croire l'auteur des miracles de Saint-Maur qui écrit dans la seconde moitié du IXe siècle, l'abbaye de Glanfeuil fut donnée par le même monarque à un certain Gaidulfus qui affama les moines. Les religieux se dispersèrent ; il n'en demeura que quinze qui renoncèrent à l'observance monastique et prirent l'habit des chanoines. Encore l'abbé chassa-t-il cette communauté trop dispendieuse et se contenta d'établir à Glanfeuil cinq clercs pour y chanter l'office[2]. Suivant le biographe de Benoît d'Aniane, les monastères où un abbé séculier dévore la substance des religieux, sont condamnés à disparaître ou à être habités, après la fuite des moines, par des clercs séculiers[3].

La ruine de la vie régulière dans les monastères, la dépravation des mœurs du clergé franc appelaient une réforme qui fut l'œuvre d'hommes d'église, Boniface, Chrodegang, Benoît d'Aniane et celle des princes Carolingiens, Carloman et Pépin, Charlemagne, Louis le Pieux. On s'est préoccupé d'abord de mettre fin à une lamentable indigence qui proscrivait toute discipline. La restitution partielle des biens envahis, l'établissement d'un cens qu'acquittent les bénéficiers laïques, permirent, au temps de saint Boniface et de Pépin, de reconstituer en faveur des églises un temporel qui suffisait à leurs besoins les plus urgents. Dès lors les réformateurs insistent sur l'obligation qui incombe aux prélats d'assurer la subsistance de leur communauté. Chrodegang détermine la quantité de nourriture qui doit être servie chaque jour

1. *Gesta abb. Fontan.*, 15, *Script.*, t. II, p. 290).

2. *Mirac. s. Mauri.* 1 (*Script.*, t. XV, p. 464). L'éditeur (p. 461) voit dans ce récit une invention du narrateur ; les faits ici rapportés paraissent pourtant vraisemblables.

3. *Vita Bened.*, 39 (*Script.*, t. XV, p. 217).

aux *canonici* de son église[1]. Les conciles tenus en 813 prescrivent aux abbés et aux évêques de verser aux mains de leurs moines et chanoines des *stipendia* convenables[2].

Le statut de la vie canoniale promulgué au concile d'Aix de 816 fixe la quantité invariable de pain que recevront chaque jour les chanoines. Leur ration de vin ou de bière, suivant les productions du pays, est proportionnée aux ressources de l'établissement, mais fixe[3]. Rien n'est laissé à l'arbitraire du prélat. Les *stipendia* seront servis aux chanoines par le prévôt et le cellérier[4]. L'empereur envoie à tous les archevêques du royaume l'étalon des poids et mesures d'après lequel doit être faite la distribution du pain et des boissons[5]. Une enquête dont les *missi* de l'empereur sont chargés établira quels sont les évêques qui se sont conformés aux ordres reçus, ont construit des cloîtres pour les chanoines et leur ont fourni les *stipendia* nécessaires[6]. Les réformateurs ont estimé que pour rétablir la discipline canonique et la vie régulière dans les églises et les monastères, il fallait mettre les clercs et les moines à l'abri du besoin.

C'est le souci d'assurer aux moines et aux chanoines des ressources que leur prélat leur mesurait souvent trop chichement qui, à la suite des décrets de réforme adoptés par le concile d'Aix, fit établir dans un grand nombre d'églises et de monastères une mense séparée à l'usage des clercs ou des religieux. Découper dans la masse des biens ecclésiastiques une portion qui sera réservée à la communauté, lui attribuer des terres qui produisent la quantité de denrées nécessaire à son

1. Cf. plus haut, p. 13.
2. Cf. p. 16, n. 1.
3. Cf. plus haut, p. 14.
4. Can. CXXXIX et CXL (*Conc. aevi Karol.*, t. I, p. 415-6.)
5. *Hludow. epist. ad archiep.*, p. 460; cf. *Conc. d'Aix*, can. CXXII, p. 402.
6. *Ibid.*, p. 460.

entretien, c'est la soustraire à la menace de la famine, au danger du relâchement auquel l'exposent l'imprévoyance, l'impéritie, le caprice ou la rapacité du prélat. Souvent l'abbé d'un monastère est un étranger, un intrus qui jouit comme d'un bénéfice du temporel jadis consacré tout entier à l'entretien des moines, de leurs serviteurs, de leurs pauvres, de leurs hôtes. On voulait que, sous un prélat séculier, les religieux vécussent néanmoins suivant la norme régulière; aussi fallut-il faire sa part à la communauté.

L'apparition des menses conventuelles est ainsi en rapport direct avec la crise que subit la propriété ecclésiastique au VIIIe et au IXe siècle, avec l'habitude prise par les Carolingiens, à laquelle ils ne veulent ou ne peuvent renoncer, d'user pour les besoins du royaume des biens des établissements religieux, et enfin avec la réforme introduite dans les communautés de moines et de chanoines. En instituant une mense affectée à leurs usages, on essaya de rendre inoffensives pour la discipline monastique ou canoniale des pratiques qui exténuaient le patrimoine ecclésiastique. Il s'agissait d'accorder l'envahissement continu du temporel des églises et des monastères par les laïques et les séculiers avec le rétablissement de l'observance pour les religieux. Grâce à la part réservée, qui fut instituée pour eux, administrée par eux, moines et chanoines purent à la rigueur s'accommoder d'abus dont ils se plaignaient vainement. Une heure vint où le pouvoir royal qui disposait des biens des églises tomba aux mains d'un empereur très zélé pour la réforme, Louis le Pieux. C'est sous son règne que ce compromis entra pratiquement en vigueur. Il restera la règle de la politique des rois carolingiens du IXe siècle au regard du temporel ecclésiastique.

Dans la plupart des églises et des monastères, des biens

furent réservés aux usages des chanoines et des moines et constituèrent une mense indépendante, librement administrée par les officiers de la communauté. L'institution se propage en même temps que la réforme dans les églises cathédrales et dans les églises non épiscopales qui sont desservies par une communauté de clercs, dans les abbayes où est observée la règle de saint Benoît et dans celles où vivent des *canonici*, dans les monastères qui sont libres, bien qu'assujettis au roi, comme dans ceux qui sont la propriété d'une église ou d'une autre abbaye. Au sein de ces divers établissements religieux, la mense conventuelle apparaît sous certains traits invariables, mais aussi avec des particularités propres à chaque espèce. Aussi convient-il d'étudier les origines de la mense conventuelle en chacune de ces catégories d'églises ou de monastères.

CHAPITRE V

L'INSTITUTION DE LA MENSE DES CHAPITRES CATHÉDRAUX

L'établissement d'une mense capitulaire dans les églises épiscopales fut une conséquence de la réforme imposée au clergé des cathédrales[1]. Jamais pourtant les législateurs du statut canonial n'édictèrent pour les évêques l'obligation d'instituer une mense spéciale à l'usage de leurs clercs. La règle écrite par Chrodegang pour les chanoines de l'église de Metz n'établit pas de mense en leur faveur et ne la suppose pas existante[2]. Chrodegang au contraire estime que l'évêque doit vivre

1. Cf. PŒSCHL, *Bischofsgut*, t. II, p. 70.

2. Thomassin (*Anc. et nouv. discipl. de l'Église*, P. III, L. II, Ch. XX, 4, éd. ANDRÉ, t. VI, p. 581) croit à tort que Chrodegang a assigné des biens-fonds à la communauté de ses chanoines. Il s'autorise du témoignage de Paul Diacre : « quibus annonas vitaeque subsidia sufficienter largitus est » (*Gesta episc. Met.*, *Script.*, t. II, p. 268) ; mais le texte, comme l'a observé M. Pöschl (t. II, p. 84, n. 1), signifie simplement que Chrodegang assura la subsistance de ses chanoines en leur procurant exactement leur pitance quotidienne. Thomassin allègue un chapitre de la règle de Chrodegang qui fait un devoir au prélat de subvenir aux frais de l'église, aux dépenses de l'hôtellerie des pauvres (de rebus ecclesiae tantum ibidem deputent unde sumptus necessarios... habere valeant), et commande aux chanoines d'abandonner à cet effet la dîme de leurs approvisionnements en vivres (de frugibus) et des aumônes qui leur sont faites (de omnibus elemosinarum oblationibus). Or ce chapitre appartient non pas au texte primitif de la règle, mais au texte rédigé au IXe siècle et qui combine la règle de Chrodegang avec le statut canonial du concile d'Aix. Ce chapitre (XLV, MANSI, t. XIV, col. 337) reproduit le chap. CXLI du livre I du concile d'Aix (*Conc. aevi Karol.*, t. I, p. 416) et ne prouve d'ailleurs nullement que les chanoines soient pourvus de biens-fonds constituant une mense capitulaire.

avec ses clercs et comme eux, s'asseoir à leur table, fournir à tous leurs besoins et porter seul, comme il l'a toujours fait, le poids de l'administration du temporel. Ni les conciles tenus en 813, ni même le concile d'Aix de 816 ne prescrivent l'institution d'une mense en faveur du chapitre.

Mais la réforme qui fit du clergé des églises épiscopales une communauté de chanoines, lui a conféré aptitude à posséder. Il est stipulé que les clercs vivront dans un cloître. Cette habitation, dont l'accès est interdit aux étrangers, qui ressemble à un monastère, sera très vite considérée comme la propriété des *canonici*[1]. Le concile d'Aix ordonne au prélat de leur attribuer des terrains où ils puissent faire paître les troupeaux[2] et récolter les légumes[3] dont ils ont besoin pour préparer les plats servis à leur table. Ils recevront, en outre, une part des récoltes des grands domaines de l'église, avec une portion des aumônes des fidèles. Le concile d'Aix ne paraît pas supposer que l'évêque doive leur céder des *villae*, mais s'ils peuvent être mis en possession d'une habitation, et, à proximité du cloître, de prairies et d'un jardin potager, ils sont capables aussi de recueillir des biens-fonds plus étendus. Tenu de leur fournir régulièrement des *stipendia*, leur prélat leur remettra les terres qui produisent ces approvisionnements.

Il y eut dès le règne de Charlemagne des communautés de chanoines qui obtinrent de leur évêque qu'une mense

1. Cf. *Dipl. de Louis le p. pour les chanoines du Mans*, relatant comment Aldric : « ex domibus quas episcopi antecessores sui propriis usibus habere solerent, memoratorum canonicorum habitaculis ac variis usibus attribuerit » (18 juin 837, B. M. 968, *Histor. de Fr.*, t. VI, p. 614).

2. Can. CXXII : « Dent quippe eis pulmentum... et loca eis congrua adtribuant, in quibus nutrimina fiant, unde necessaria pulmenta habeant » (p. 402). Le sens du mot *nutrimina* est fixé par le passage correspondant du statut canonial des religieuses : « talia eis debent (praelatae) constituere loca, in quibus aptissime nutriant pecora » (can. XIII, p. 447).

3. *Loc. cit.* : « Habeant itaque idem canonici hortos holerum. »

fut établie pour elles. Une formule de la chancellerie de Louis le Pieux attribue à son prédécesseur un diplôme qu'elle confirme et où on lit qu'un évêque a donné à ses chanoines un certain nombre de *villae* et en outre les nones et les dîmes de domaines ecclésiastiques cédés en bénéfice par l'empereur à ses fidèles [1]. A Vienne [2], à Lyon [3] en effet, les clercs de la cathédrale étaient peut-être dès la fin du règne de Charlemagne en possession d'une mense. Suivant une source peu sûre, le chapitre cathédral du Mans aurait été aussi pourvu à cette époque d'une dotation [4]. Peut-être les chanoines d'Auxerre reçurent-ils en ce temps une *villa* des mains de leur évêque [5]. Des libéralités ont été faites au clergé de l'église

1. *Form. imper.*, 25 (ZEUMER, *Form.*, p. 304). Nous ne connaissons aucune église en faveur de laquelle cette formule ait été employée. M. Pöschl (*op. cit.*, t. II, p. 67, n. 6) signale comme unique exemple le diplôme de Louis le Pieux pour l'église d'Auxerre (cf. plus loin, p. 56, n. 2). Elle renferme, en effet, des expressions et tournures qui lui sont communes avec cette formule, mais ne dit pas que des biens aient été donnés antérieurement aux chanoines de la cathédrale d'Auxerre avec la permission de Charlemagne.

2. Un dipl. de Louis le p., du 19 janv. 814, concède des biens à la même église « ad supplementum canonicorum » (*Histor. de Fr.*, t. IV, p. 657). La *congregatio sancti Mauricii* cède en 812, en précaire, avec l'assentiment de son *senior*, Barnard, archevêque élu, des biens de l'église Saint-Maurice « qui ad ipsa canonica pertinent » (BALUZE, *Capit.*, t. II, p. 1403). L'authenticité de cette charte, la plus ancienne de toutes celles qui montrent un chapitre faisant acte d'administration, nous paraît suspecte.

3. Une notice ajoutée à une lettre adressée par l'archevêque de Lyon, Leidradus, à Charlemagne (*Epist. var.*, 30, *Epist. karol. aevi*, t. II, p. 542), indique le nombre de tenures, de colons dont disposent cet archevêque, chacun des deux chorévêques, le chapitre de 52 chanoines de Saint-Étienne, etc.; cette notice est une addition postérieure (cf. PŒSCHL, t. II, n. 6 de la p. 67) d'âge incertain; elle ne mérite pas confiance absolue.

4. L'évêque Franco, contemporain de Charlemagne, aurait donné aux frères de la *canonica* de sa cathédrale trois domaines de l'évêché pour leurs *stipendia* (*Actus pont. Cenom.*, 21, éd. BUSSON, LEDRU, p. 277). Cette allégation est d'autant plus suspecte qu'au temps où Aldric prenait possession de son siège « primordiis ordinationis suae », le clergé de l'église du Mans ne vivait pas canoniquement et n'avait pas de cloître : « confusum canonicorum matris ecclesiae sibi commissorum ordinem statumque invenerit et claustrum qui canonice vivere debent eatenus nullum habuerant » (*Dipl. de Louis le p.*, 18 juin 837, B. M. 968, *Histor. de Fr.*, t. VI, p. 614).

5. Suivant le rédacteur des *Gesta episcoporum Autisiodorensium* (33, *Script.*, t. XIII, p. 396), qui écrit à la fin du IXe siècle mais utilise des pièces

de Paris [1] sous le règne du même empereur [2]. Mais il n'est pas certain que les *canonici* de ces cathédrales jouissent déjà d'une mense séparée et l'administrent eux-mêmes. Peut-être s'agit-il encore seulement de biens qui leur sont assignés soit par l'évêque, en vertu d'un simple règlement d'économie domestique, soit par un bienfaiteur qui, en faisant une donation à une église épiscopale, grève celle-ci d'une charge au profit du clergé.

Le zèle qu'apporte Louis le Pieux à faire observer les décrets de réforme promulgués au sujet des *canonici* au

d'archives, l'évêque d'Auxerre, Maurinus, contemporain des premières années de Charlemagne et mort avant 800, aurait attribué une *villa* à ses *canonici* pour leurs *stipendia*. Si la pièce vraisemblablement consultée par l'historien est authentique, il s'agit sans doute d'une simple assignation à l'usage des chanoines qui n'implique pas l'existence d'une mense indépendante. Au rapport des *Gesta* (35, *ibid.*) en effet, c'est seulement Angilhelmus, qui au temps de Louis le Pieux, imposa la vie régulière à ses chanoines et établit pour eux un cloître. Il est peu vraisemblable qu'ils aient joui d'une mense proprement dite avant d'être constitués en communauté régulière. Le diplôme de Louis le Pieux (cité plus loin, p. 56, n. 2) marque clairement qu'Angilhelmus est le premier évêque d'Auxerre qui ait distrait du patrimoine de l'église un certain nombre de *villae* pour les conférer (conferre) aux *canonici*.

1. Les chanoines de l'église-mère de Paris auraient eu une mense en 811, suivant M. Pöschl (t. II, p. 157) qui fait état de la fausse donation du comte Étienne (DE LASTEYRIE, *Cart. de Paris*, 29, t. I, p. 37-9). Inchadus mentionne à la vérité, en 820, la donation faite antérieurement par le comte Étienne du domaine de Sucy pour les usages des chanoines (35, p. 50); mais il s'agit là d'une simple affectation imposée par le donateur à l'église qui recueille le bien. La charte d'Inchadus marque nettement que cet évêque est le créateur de la mense capitulaire.

2. M. Pöschl (t. II, p. 156) estime aussi qu'une mense existe à Lausanne dès 801, sur la foi d'un acte par lequel le prêtre Waldramnus donne à l'église Notre-Dame, où préside l'évêque Jérôme, un bien « ad ipsam casam dei vel servientibus ei, ad stipendia fratrum » (DE GINGINS, *Cart. du chap. de Notre-Dame de Lausanne*, p. 343). L'acte est daté du 27 février de la première année du règne de l'empereur Charles. Il s'agit ici, non pas de Charlemagne, mais de Charles le Gros, comme l'a remarqué d'ailleurs l'éditeur du cartulaire (p. LIX). La mention faite de l'évêque Jérôme, dont l'épiscopat dure de 880 à 892, permet de reporter sûrement la pièce au temps de Charles le Gros (Cf. *Gallia christ.*, t. XV, p. 332). Un diplôme de Louis le p., 28 juill. 814, en faveur de l'église de Lausanne (B. M. 528), confirme une donation « ad matrem ecclesiae... propter congregationem inde consistentium, ad supplementum eorum... et ad pauperes alendos » (*Gallia christ.*, t. XV, Instr., col. 125). La libéralité a été faite à l'église pour les clercs et pour les pauvres ; le bien n'a pas été remis aux mains des chanoines.

concile d'Aix dès le commencement de son règne, va provoquer dans un grand nombre d'églises l'établissement d'une mense. Il en existe une certainement en 819[1] à Auxerre. L'évêque Angilhelmus, qui a bâti un cloître et imposé la règle aux chanoines de l'église cathédrale Saint-Étienne, fait savoir à l'empereur qu'il leur a conféré des biens de son évêché pour leurs *stipendia*[2]. A Paris, l'évêque Inchadus établit une mense capitulaire en 829[3]. A Langres, l'évêque Albéric, lorsqu'il prit possession de son église, la trouva dévourvue des « institutions canoniques » ; mais en 834, les clercs sont intallés par lui dans un cloître et largement pourvus de biens-fonds appartenant à l'église[4]. A Autun, les chanoines de la cathédrale Saint-Nazaire ont eu leur mense séparée sous l'épiscopat de Motoinus (815-840)[5].

1. Suivant M. Pöschl (t. II, p. 156), il y aurait déjà en 817 une mense capitulaire à Limoges. Le diplôme allégué de Louis le p. du 16 juill. 817 (B. M. 653, *Histor. de Fr.*, t. VI, p. 502) prouve qu'à cette date la *canonica* est organisée, installée dans un cloître. Un diacre de la *canonica* a donné à l'évêque une *cellula* qu'il a construite. Puis le diacre et l'évêque ont enrichi ce petit monastère et par testament l'ont destiné à la subsistance des chanoines (ad stipendia canonicorum... delegaverunt). L'empereur interdit aux évêques de le donner en bénéfice ou de le détourner à d'autres usages. On remarquera que le diacre a donné son bien à l'évêque et non aux chanoines, que le monastère est dit simplement affecté aux *stipendia* des chanoines et non pas conféré aux chanoines pour leurs *stipendia* (cf. n. suiv.). Peut-être ont-ils une mense indépendante, mais ce diplôme ne suffit pas à en prouver l'existence.

2. *Dipl. de Louis le p.*, 12 nov. 819, B. M. 705 : « quasdam res ex ratione episcopatus sui canonicis ecclesiae sancti Stephani... ad stipendia eorum contulisset » (Quantin, *Cart. de l'Yonne*, 16, t. I, p. 32). L'évêque, ajoute le diplôme, devra faire en sorte que la *villa* serve à l'alimentation du chapitre : « canonicis stipendiariae, disponente atque perordinante episcopo ». Ces expressions, qu'on retrouve dans la *Form. imper.*, formule contemporaine mais qui se réfère aux usages du temps de Charlemagne (cf. plus haut, p. 54) marquent que le pouvoir administratif de l'évêque n'est pas aboli. L'assignation de biens commence ici seulement à se transformer en une mense ; celle-ci n'est pas encore affranchie de l'autorité du prélat.

3. *Charte d'Inchadus* (de Lasteyrie, *Cart. de Paris*, 35, t. I, p. 49-50).

4. *Dipl. de Louis le p.*, 19 août 834, B. M. 931 (*Histor. de Fr.*, t. VI, p. 595).

5. Une charte de Jonas, évêque d'Autun, du 20 mai 858 (de Charmasse, *Cart. de l'égl. d'Autun*, 21, t. I, p. 33) rapporte qu'une *villa* a été jadis donnée aux chanoines par Motoinus, son prédécesseur.

A Orléans[1], au Mans[2], à Tournai[3], le chapitre cathédral entre au plus tard au temps de Louis le Pieux, en jouissance d'une dotation particulière. A Reims, Hincmar trouve instituée la mense de ses chanoines[4].

La création d'une mense en faveur des *canonici* n'a jamais du reste été rendue obligatoire ni par Louis le Pieux ni par personne. Cette pratique, très répandue déjà sous le règne de cet empereur, n'est probablement pas introduite uniformément dans toutes les églises. Il semble bien que dans plusieurs cathédrales, la mense capitulaire apparaisse seulement à une date plus tardive. A Nevers, elle ne fut sans doute établie qu'en vertu des dispositions prises en 849 par l'évêque Hérimannus[5]. Les premiers privilèges en faveur des

1. L'évêque d'Orléans Agius et ses prédécesseurs ont attribué à leurs chanoines des *villae* de leur église (*Dipl. de Charles le ch.*, 10 fév. 851, B. 1626, *Histor. de Fr.*, t. VIII, p. 517).

2. Cf. plus haut, p. 54. Aldric a attribué à ses chanoines une *villa* (*Gesta Aldr.*, 4, *Script.*, t. XV, p. 313 ; *Dipl. de Louis le p.*, 18 juin 837, B. M. 968, *Histor. de Fr.*, t. VI, p. 614).

3. La mense a été établie par les prédécesseurs de l'évêque Immo (840-860) (*Dipl. de Charles le ch. pour les chanoines de Tournai*, 25 juill. 854, B. 1650, *Histor. de Fr.*, t. VIII, p. 533).

4. Une lettre d'Hincmar est adressée au prévôt des chanoines « pro facultatibus sibi commissis et indebite usurpatis » (Flodoard, *Hist. Rem. eccl.*, III, 28, *Script.*, t. XIII, p. 550). Si le prévôt est chargé d'administrer des biens, c'est que les chanoines ont une mense. Hincmar a établi un hôpital pour permettre aux chanoines de l'église de recevoir les pauvres, « congruis ad id rebus deputatis » (*ibid.*, 11, p. 484). L'établissement de cet hôpital suppose déjà une *canonica* organisée. Si Hincmar avait lui-même doté le chapitre, Flodoard qui nous rapporte le détail de ses actes d'administration, nous ferait connaître celui-là. Cet historien n'a pas trouvé mentionnée en ce temps l'institution d'une mense, puisqu'il en rapporte l'établissement à Rigobertus (II, 11, p. 458), dans la 1re moitié du VIIIe siècle. Mais il emprunte ce renseignement, dont la donnée est fort invraisemblable, à une vie du saint évêque composée seulement au Xe siècle (cf. *La propriété ecclésiastique aux époques rom. et mér.*, n. 4 de la p. 347). La mense du chapitre de l'église de Reims a dû être instituée soit par Ebbon, soit par son prédécesseur, au temps de Louis le Pieux. L'ordonnance rendue par Ebbon pour régler le chapitre montre la communauté déjà organisée, gouvernée par un prévôt et des doyens (*Indic. Ebbonis*, Varin, *Arch. admin. de Reims*, 1e P., t. I, p. 31).

5. *Charte d'Hérimannus* : « intra civitatem constituimus canonicos LX eorumque stipendiis has... delegavimus villas » (Mansi, t. XIV, col. 926).

chanoines de Saint-Maurice de Tours ont été délivrés, à notre connaissance, par Charles le Chauve et le pape Benoit III (855-8)[1]. Les chanoines de Saint-Vincent de Mâcon ne paraissent être en possession d'une part réservée que dans la deuxième moitié du IXe siècle [2]. Dans beaucoup d'églises épiscopales, l'existence d'une mense capitulaire reste douteuse à la fin du IXe siècle, et souvent il n'en est fait mention positive qu'au Xe [3].

L'évêque parle comme s'il avait tout créé. Il déclare plus haut que l'évêque Jérome n'a pas eu le temps de rétablir l'ordre canonique et que son prédécesseur immédiat Jonas y a travaillé déjà « in quantum potuit et tempus dictavit ». M. Pöschl (t. II, p. 156) admet que le 12 janv. 841, date à laquelle Charles le Chauve confirme les biens de l'église de Nevers à la prière d'Hérimannus (B. 1532, *Histor. de Fr.*, t. VIII, p. 428-9), la mense des chanoines est déjà constituée. L'immunité accordée à l'église couvre les chanoines, leur avoir personnel et les autres hommes de l'église (canonicos ipsius matris ecclesiae, seu eorum facultates, cive ceteros homines) ; le roi renonce aux droits du fisc en faveur des *stipendia* des chanoines ; mais ces clauses ne signifient pas qu'ils ont une mense séparée et aucune mention n'en est faite.

1. *Dipl. de Charles le Gros*, 29 oct. 886, B. M. 1730 (*Histor. de Fr.*, t. IX, p. 355). Cf. Pœschl, *Bischofsgut*, t. II, p. 157.

2. Par un acte de 864-73 (Ragut, *Cart. Saint-Vincent*, 60, p. 48), un bienfaiteur cède des terres à l'église Saint-Vincent et aux chanoines pour leur alimentation et le luminaire de l'église. Mais en 878, les clercs n'avaient pas de quoi vivre dans leur *canonica*, comme nous l'apprend un diplôme de Louis le Bègue (101, p. 77) confirmant aux chanoines les dons que leur fait l'évêque Lambert « de suo indominicato ». C'est peut-être seulement alors que le chapitre reçut sa part des biens-fonds appartenant à l'église et disposa d'une mense proprement dite.

3. M. Pöschl (*op. cit.*, t. II, p. 156-7) a essayé de déterminer la date à laquelle une mense est constatée dans un certain nombre d'églises des Gaules. A Verdun, Albi, il n'a pas trouvé d'indices de l'existence d'une mense capitulaire avant le Xe siècle ; en beaucoup d'autres églises il ne découvre pas trace d'une mense avant la 2e moitié du IXe siècle. Encore plusieurs des dates proposées sont-elles contestables. M. Pöschl (p. 156, n. 19) apporte en témoignage de l'existence d'une mense capitulaire à Narbonne en 881 les diplômes du 4 juin 881 de Carloman (*Hist. du Languedoc*, éd. Privat, t. V, 3, p. 69), du 26 juin 888 d'Eudes (*Gall. christ.*, t. VI, Instr., col. 10) ; mais ces diplômes mentionnent des donations faites à l'église cathédrale Saint-Just sans même signaler les chanoines. Il estime qu'il existe à Carpentras une mense à l'usage des chanoines en 863. Le diplôme de Charles de Provence du 16 mars 863 (B. 719, *Histor. de Fr.*, t. VIII, p. 401) confirme simplement une donation faite à l'église cathédrale et à l'évêque pour l'amour de Dieu, pour le luminaire de l'église, pour l'alimentation des clercs qui la desservent. La teneur du diplôme marque plutôt qu'il n'y a pas à Carpentras de mense capitulaire indépendante. Les

C'est alors seulement que l'institution est à peu près universellement répandue parmi les églises des Gaules.

L'établissement d'une mense séparée ne s'impose pas au même degré en effet quand la communauté des chanoines vit à l'abri d'une église épiscopale et lorsqu'elle habite un monastère. Louis le Pieux avertit les évêques qu'ils doivent veiller à l'application du statut réformateur publié à Aix, attendu que beaucoup d'abbayes où l'on suit la discipline canonique sont abandonnées à des clercs séculiers ou même à des laïques[1]. Or une église épiscopale ne tombe jamais au IXe siècle aux mains d'un laïque. L'évêque ne vit plus, comme au temps de Chrodegang, avec ses *canonici;* il est vis-à-vis d'eux dans les mêmes conditions qu'un clerc séculier à qui est remis le gouvernement d'un monastère de chanoines, et c'est pourquoi une mense capitulaire se forme au sein du patrimoine de l'église. Mais du moins les chanoines d'une église épiscopale n'ont pas à redouter le danger d'avoir pour prélat un *miles* marié qui les néglige et les affame, comme en usent souvent vis-à-vis de leurs moines ou chanoines les comtes abbés des monastères.

Néanmoins, les clercs des églises cathédrales paraissent avoir vivement désiré qu'une mense fut instituée en leur faveur. C'est à leurs instances que l'évêque se rend quand il leur accorde une dotation spéciale. Les *fratres* de l'église-mère de Paris ont prié, en 829,

chartes que M. Pöschl apporte en témoignage de l'existence d'une mense dont auraient bénéficié dès 885 les chanoines de l'église de Grenoble (MARION, *Cart. de l'église de Grenoble*. A. 10, p. 18 ; 31, p. 72), sont délivrées exclusivement en faveur de la cathédrale Saint-Étienne de Lyon et de la collégiale Saint-Irénée en cette dernière ville. M. Pöschl observe avec raison (p. 160 et suiv.) que des actes où l'évêque, représentant de l'église, apparaît comme l'administrateur de tous les biens dont elle est propriétaire, ne prouvent pas qu'il n'existe point de mense capitulaire. Mais ces actes ne démontrent pas non plus qu'une mense indépendante soit établie en faveur des chanoines.

1. *Hludow. epist. ad archiep.* (*Conc. aevi Karol.*, t. I, p. 462).

l'évêque Inchadus de leur attribuer pour leur subsistance un certain nombre de domaines, afin qu'ils n'aient plus à importuner leur prélat, obsédé qu'il est déjà par tant d'affaires[1]. Les moines ont peut-être répugné d'abord à un partage des biens, attendu qu'autrefois tout le patrimoine du monastère était pour eux. Les clercs d'une église cathédrale n'avaient jamais été ni les propriétaires ni les usufruitiers des biens de leur église. Chaque clerc pouvait prétendre au salaire que son évêque devait proportionner à son mérite; le clergé pris en corps n'avait aucun droit. La communauté de chanoines qui venait de naitre gagnait tout à l'établissement d'une mense séparée. N'ayant jamais rien possédé, elle était nantie d'un temporel; cette dotation lui assurait une existence indépendante, lui conférait une véritable autonomie.

L'évêque procède en général lui-même à la constitution de la mense de ses chanoines[2]. Les rois confirment souvent les dispositions qu'il a prises en leur faveur, mais on ne voit pas qu'ils aient jamais ordonné à un

1. « Petierunt... fratres nostri sancte matris ecclesie... ut metu futurorum casuum propellendo attribueremus eorum stipendiis quasdam villas de rebus ipsius matris ecclesie, quarum reditibus et ipsi suam necessitatem propellerent et episcopum multorum molestiis assidue exagitatum inquietarent » (DE LASTEYRIE, 35, p. 50).

2. M. Pöschl (t. II, p. 156-7) signale plusieurs menses capitulaires de cathédrale dont la plus ancienne mention connue serait renfermée dans une charte de donation faite en faveur des *canonici* par un bienfaiteur quelconque. Un acte de cette nature peut prouver que les éléments d'une mense existent, mais il ne la constitue pas. Il faut pour qu'elle apparaisse qu'un sectionnement soit opéré dans le temporel de l'église et, à notre connaissance, c'est exclusivement le fait de l'évêque. Quand celui-ci n'a pas encore réservé une part des biens en faveur de ses chanoines et ne leur en a pas remis l'administration, les donations faites pour l'usage des chanoines ont le caractère d'une fondation: le bien est cédé à l'évêque, administré effectivement par lui et simplement assigné aux besoins des clercs. Souvent, on l'a vu (cf. plus haut, p. 26), ces donations précèdent l'établissement d'une mense proprement dite. Le fait est sensible à Paris; le comte Etienne avait donné une *villa* pour les usages des chanoines. L'évêque Inchadus, constituant la mense de son chapitre, fait figurer cette *villa* parmi les domaines qu'il attribue aux chanoines. M. Pöschl reconnait qu'à Paris une simple affectation a précédé la création de la mense : « Erst 829 erfolgt die eigentliche Güterteilung » (p. 99).

évêque de créer une mense capitulaire ni qu'ils aient fait d'autorité un partage des biens d'une église cathédrale. Ils n'avaient pas lieu d'intervenir, comme ils le firent dans les monastères, où ils défendaient du moins contre l'abbé séculier les intérêts d'une communauté qu'ils avaient sacrifiés par ailleurs en remettant l'abbaye en de pareilles mains.

Spontanément, l'évêque institue une mense en faveur de ses chanoines pour leur être agréable, par mesure de bonne administration et pour son propre avantage. Vivant désormais à l'écart de ses clercs, l'évêque tient à n'être plus importuné par leurs plaintes. Il se décharge de l'administration de la portion des biens ecclésiastiques dont il n'a pas, en fait, la jouissance, puisque les revenus qu'ils produisent sont absorbés par les dépenses de la communauté. Il se délivre ainsi de soucis et d'obligations dispendieuses. Inchadus fait une large part aux chanoines de l'église de Paris, mais il stipule que les bâtiments seront entretenus à leurs frais [1]. Souvent, les évêques se déchargent sur leur chapitre du soin et des dépenses de l'hospitalité [2]. Leur piété aussi trouve satisfaction à l'établissement d'une mense. Ils purent ainsi faire des fondations pieuses ; ils assurèrent aux clercs, par un supplément de dotation, des réfections à certains anniversaires, entre autres celui de leur décès, que le chapitre commémora par des prières [3]. De toutes manières, l'évêque qui institue ou enrichit la part réservée à ses chanoines, croit faire œuvre pie et

1. *Charte d'Inchadus* (DE LASTEYRIE, *Cart. de Paris*, 35, t. I, p. 49-50).

2. Ainsi font Inchadus de Paris (*Charte citée*), Hincmar de Reims (FLODOARD, *Hist. Rem. eccl.*, III, 11, *Script.*, t. XIII, p. 484).

3. Dans le *privilegium* par lequel il cédait aux chanoines de l'église du Mans la *villa Buxarias*, Aldric décidait qu'ils auraient pleine réfection à cinq anniversaires, entre autres l'anniversaire de sa mort et celui de la consécration de la cathédrale (*Gesta Aldrici*, 4, *Script.*, t. XV, p. 313). L'évêque d'Auxerre, Cristianus, donne à ses chanoines une *villa* afin qu'ils célèbrent son anniversaire (*Gesta episc. Autisiod.*, 38, *Script.*, t. XIII, p. 398).

assurer le salut de son âme[1], car il met la *canonica* à l'abri de la misère, perturbatrice des cloîtres, et lui enlève tout prétexte pour se soustraire à l'observance de la règle[2].

1. Cf. Pœschl, *Bischofsgut*, t. II, p. 85 et n. 4.

2. « qualiter postposita totius necessitatis excusatione, fratres ibidem degentes et canonicum ordinem religiose custodire et Deo instanter in eodem loco possent deservire » (*Form. imper*, 25, Zeumer, p. 304 ; *Dipl. de Louis le p. pour l'église d'Auxerre*, 12 nov. 820, B. M. 705, Quantin, *Cart. de l'Yonne*, 16, t. I, p. 32).

CHAPITRE VI

L'INSTITUTION DE LA MENSE CONVENTUELLE DANS LES MONASTÈRES INDÉPENDANTS

§ Ier. — *Les monastères réguliers.*

Avec raison, des moines purent se regarder comme lésés au jour où il fut admis que le temporel de leur maison n'était pas exclusivement à leur usage. De quel droit l'abbé détournerait-il de cette destination des biens offerts par les bienfaiteurs du monastère pour toute la communauté ? Est-il juste qu'une fois les religieux pourvus de l'indispensable, le patrimoine de l'établissement soit consacré, au gré d'un prélat séculier, à des usages profanes ? Aussi l'institution d'une mense conventuelle a pu paraître parfois aux yeux des moines une mesure inique et vexatoire. Une portion seulement des biens qui leur appartenaient légitimement leur est laissée ; le reste sera dévoré par l'intrus. C'est ainsi que Folcuin écrivant au xe siècle le cartulaire de Saint-Bertin apprécie, conformément aux souvenirs fâcheux qu'en ont gardé les religieux, le partage opéré peu après 820 par l'abbé Fridogisus. Ce prélat séculier a fait aux communautés de Saint-Bertin et de Saint-Omer une part mesquine et s'est réservé pour lui-même ce qui lui agréait davantage [1].

L'institution de la mense conventuelle est une déro-

1. *Chartul. Sithiense*, I, 56 (GUÉRARD, *Cart. Saint-Bertin*, p. 75).

gation à la vieille règle qui veut qu'au monastère tout serve aux communs usages. Les moines de Fulda, en désaccord avec leur abbé, se plaignent en 812, auprès de Charlemagne, des détournements que leur prélat fait subir à leur temporel : « Tous les domaines et toutes les *cellae*, écrivent-ils, doivent être en la jouissance de la communauté. Que tous les habitants de la maison reçoivent leurs vêtements du même vestiaire, des mains du prévôt ou du cellérier. Personne n'y doit faire trafic de quoi que ce soit; mais tout y doit être commun à tous[1]. »

Créer une mense conventuelle, c'était porter atteinte aux règles et faire subir au regard du droit strict un préjudice aux religieux : aussi, l'innovation fut-elle limitée d'abord aux monastères dont l'abbé n'était pas un moine. A l'instigation de Benoît d'Aniane qu'il a chargé de visiter et réformer les monastères[2], Louis le Pieux dresse la liste des établissements qui auront à l'avenir des abbés réguliers[3]. A l'égard des abbayes qui sont laissées au pouvoir

1. *Epist. var.*, 33 : « sed omnes agri atque cellae in communi omnium fratrum fiant et omnes homines, qui in eodem monasterii loco habitant, ab uno vestiario vestitum accipiant, prout praepositus sive cellarius dispensaverint; nec mercimonia aliqua ab aliquibus ibi ventilentur, sed sint omnia omnibus communia » (*Epist. karol. aevi*, t. II, p. 550). Les moines se sont plaints aussi qu'on vienne traiter dans leur cloître des affaires privées : « Ut privata negotia et saecularia beneficia et divisio possessionum atque agrorum in ipso monasterii loco non fiant, quia inde exoriuntur jurgia, contentiones... ». Thomassin (*Anc. et nouv. discipline de l'Église*, P. III, L. II, C. XX, 6, éd. André, t. VI, p. 583) a pensé que les moines de Fulda protestaient contre le partage fait des biens de l'abbaye entre l'abbé et les moines. Mais il s'agit ici d'une *divisio* des biens de l'abbaye qui en fait passer des parcelles aux mains de particuliers, moines ou séculiers, à titre de bénéfice (cf. Pœschl, *Bischofsgut*, t. II, p. 33, n. 4, qui rapproche le grief des moines de Fulda de l'attribution faite par Tentsindus, abbé de Saint-Martin de Tours et de Saint-Wandrille, de la matricule de Saint-Martin, à titre de bénéfice, à son *camerarius* Wido, *Gesta abb. Font.*, 15, *Script.*, t. II, p. 290).

2. *Vita Hludow.*, 28 (*Histor. de Fr.*, t. VI, p. 100); *Dipl. de Louis le p. pour Sainte-Colombe de Sens*, 2 avril 836 (Quantin, *Cart. de l'Yonne*, 25, t. I, p. 48).

3. *Ardonis vita Benedicti Anian.*, 39 (*Script.*, t. XV, p. 217).

de prélats séculiers *(canonici)*, l'empereur, rapporte l'historien de Benoît d'Aniane, a pris un moyen terme. Il a constitué en faveur de la communauté une réserve qui permettra aux moines de vivre selon la discipline de saint Benoît; il a concédé à l'abbé le surplus[1]. Ce n'est point là une décision ayant force de loi et désormais applicable partout. Les Capitulaires de Louis le Pieux ne l'ont pas énoncée et imposée comme une règle. Le biographe du réformateur de l'institut monastique a simplement formulé le principe qui visiblement inspire désormais la conduite de l'empereur. Il y eut, avant son avènement, dans un certain nombre de monastères, des biens affectés à l'usage des religieux; mais une mense conventuelle nettement séparée du reste du patrimoine monastique n'était encore apparue, semble-t-il, dans aucune maison régulière[2].

Cette mesure a été appliquée par les soins de Benoît d'Aniane au monastère de Sainte-Colombe de Sens qu'il

1. « His vero monasteriis quae sub canonicorum relicta sunt potestate constituit eis segregatim unde vivere regulariter possent, cetera abbati concessit » (p. 218). Il ne s'agit pas ici de monastères de chanoines par opposition aux maisons où est observée la règle, mais de couvents réguliers qui ont pour abbé un *canonicus*, par opposition aux établissements « ubi regulares abbates esse queant », qui ont été signalés plus haut (p. 217). Si Ardo voulait désigner des communautés de chanoines et non des prélats *canonici*, il ne dirait pas que les monastères sont laissés sous leur *potestas*. Les textes signalent assez souvent les abbés séculiers sous le terme de *abbas canonicus* (à Sainte-Colombe de Sens, *dipl. cité*, p. précéd., n. 2; à Saint-Bertin, *Chartul. Sithiense*, I, 56, p. 75; à Lobbes où, en 800, Hildricus, *canonicus*, a usurpé la charge abbatiale, *Gesta abb. Lobiens.*, 9, *Script.*, t. IV, p. 59).

2. On a vu (plus haut, p. 28) qu'à Saint-Wandrille et à Saint-Martin de Tours, des *villae* étaient, dès la première moitié du VIIIe siècle, assignées à l'entretien des moines. Suivant les *Gesta episc. Autisiod.* (27, *Script.*, t. XIII, p. 394), l'évêque Ainmarus aurait donné à la basilique de Saint-Germain, vers le milieu du VIIIe siècle, une *villa* « ad stipendium monachorum ». Les *Gesta Dagoberti* (35, *Script. rerum merov.*, t. II, p. 414) rapportent que Dagobert a affecté aux *stipendia* des moines la moitié des *villae* dont il a doté le monastère de Saint-Denis. Mais dans les monastères de Saint-Denis et de Saint-Germain d'Auxerre, une mense n'a été certainement établie qu'au cours du IXe siècle (cf. plus loin, p. 68-9 et PŒSCHL, t. II, p. 11, n. 5). Il s'agit ici de simples assignations qui préparent l'établissement d'une mense, mais ne constituent pas une portion nettement séparée, soustraite en fait à l'administration abbatiale et remise aux mains des moines.

est venu réformer. Il y trouva un abbé *canonicus ;* aussi mit-il à part un certain nombre de *villae* qui étaient anciennement assignées aux usages des moines et décida que cette part leur serait réservée, qu'elle serait exonérée de tout service royal et public, que l'abbé ne pourrait faire aucun don, prélever aucune taxe au détriment de cette portion [1]. Déjà dans cet établissement des biens étaient ou avaient été autrefois assignés aux dépenses des moines ; Benoît d'Aniane en a fait une mense distincte, soustraite au pouvoir de l'abbé, parce que celui-ci était un séculier.

Au monastère de Moyenmoutier l'institution d'une mense conventuelle provoquée dans le même temps par les mêmes circonstances fut soumise à diverses vicissitudes. Cette abbaye avait été attribuée vers 806 [2] au patriarche de Grado, Fortunat, chassé de son église. Du vivant de Charlemagne, cet abbé avait sans doute accaparé tous les revenus du monastère et laissé les religieux dans l'indigence, car Louis le Pieux dut intervenir dès son avènement. Sur l'ordre du nouvel empereur, un abbé voisin se rendit à Moyenmoutier et attribua aux moines une portion du temporel qui leur permit de pratiquer l'observance. Pendant une dizaine d'années la communauté s'accomoda de ce régime [3]. Puis Fortunat se retira et le monastère fut donné à Hismundus [4]. Bien que lui aussi

1. *Dipl. de Louis le p.*, 2 avril 836, B. M. 961 : « quasdam villas quae priscis temporibus ad usus fratrum... fuerant destinatae, segregavit, ut absque regali aut publico servitio vel quolibet abbatis dono aut exactione, usibus eorum perpetuo deservirent » (QUANTIN, 25, p. 50).

2. Léon III écrit entre 806 et 810 à Charlemagne au sujet de cet archevêque : « non audivimus de eo, sicut decet de archiepiscopo, neque de partibus istis neque de partibus Franciae, ubi eum beneficiastis » (*Leonis III epist.*, 5, *Epist. karol. aevi*, t. III, p. 95). L'abbaye de Moyenmoutier est vraisemblablement le bénéfice ou l'un des bénéfices que l'empereur lui a octroyés. Peut-être le pape fait-il allusion ici à des plaintes qu'aurait suscitées de la part des moines son administration (cf. L. JÉROME, *L'abbaye de Moyenmoutier*, p. 141, n. 1).

3. *Frotharii epist.*, 21 (*Epist. karol. aevi*, t. III, p. 290). Cf. JÉROME, p. 142-3.

4. La lettre de Frotharius dit seulement que Fortunat s'en alla (recessit) ;

fut étranger à la profession monastique[1], tout, à son arrivée, rentra dans l'ordre. Le nouvel abbé dont les moines n'avaient pas lieu de se défier, reprit leur part et se chargea de leur procurer régulièrement le nécessaire[2].

Mais Hismundus ne tint pas ses engagements. Les moines portèrent plainte devant l'évêque diocésain Frotharius de Toul. Celui-ci fit une enquête et trouva que l'abbé et les moines étaient également en faute. Ceux-ci s'étaient relâchés de l'observance, leur prélat ne leur fournissait pas une pitance régulière. Hismundus promit de mieux faire à l'avenir; les religieux trompés déclarèrent qu'ils n'ajoutaient pas foi à ses promesses. Ils réclamèrent la part que jadis l'empereur leur avait fait remettre. L'évêque jugea que les moines n'avaient point tort, car il leur permit d'aller porter leurs doléances devant l'empereur et s'employa en leur faveur auprès du prince[3] et de l'archichancelier Hilduin[4]. Il est probable que la mense conventuelle fut rétablie.

Si parfois l'idée qu'une part leur serait faite fut odieuse aux moines, on voit que leur point de vue a été souvent aussi tout autre. Ce pis-aller fut préféré par eux à la menace d'une extrême indigence. Une communauté placée sous les ordres d'un abbé séculier, ecclésiastique ou laïque, est exposée à la disette, le *rector* du monastère consumant les ressources des moines pour ses propres

peut-être est-il retourné en Italie. Néanmoins, bien qu'il ne fût plus abbé de Moyenmoutier, il semble qu'il soit mort en 825 dans cette abbaye; du moins il y fut inhumé (cf. Jérome, p. 136, 140 et 146).

1. Suivant le *Libellus de successoribus s. Hildulfi* (5, *Script.*, t. IV, p. 89), il aurait été « quondam episcopus ».

2. *Frotharii epist.*, 21, p. 290.

3. p. 291.

4. *Frotharii epist.*, 22, p. 291-2. Hilduin qui en sa qualité d'abbé de Saint-Denis et de Saint-Germain-des-Prés a établi, exactement à cette époque (la lettre de Frotharius est datée par l'éditeur de 825 à 830), une mense pour les deux communautés, devait être gagné d'avance à la cause que Frotharius lui recommande.

besoins. Quelquefois elle se révolte contre l'abbé qui l'affame. Les moines de Moyenmoutier sont entrés en conflit avec leur prélat[1]. C'est pour éviter des discordes que Louis le Pieux envoie ses *missi* au monastère de Flavigny procéder à un partage entre l'abbé et la communauté[2].

Les religieux à qui la volonté du roi imposait un abbé séculier souhaitèrent qu'une part du moins des biens fut soustraite à cet intrus et leur fut réservée. Les moines de Moyenmoutier déclarent qu'ils s'en iront si on ne leur rend pas la part qui leur a été accordée puis retirée[3]. Les moines de Saint-Riquier qui, depuis la mort d'Angilbert (814) ont pour abbés des séculiers, profitant du séjour de l'empereur dans leur cloître, le prient de leur confirmer les biens qui viennent de leur être assignés pour le vivre et le vêtement, afin que leurs prélats ne puissent les détourner à d'autres usages[4]. C'est sans doute par précaution prise contre leur abbé que les moines de Saint-Germain d'Auxerre envoient quelques-uns des leurs au concile de Pitres pour obtenir des évêques puis du roi qu'ils ratifient les assignations faites à leur profit[5]. A la prière des religieux de Jumièges[6],

1. *Frotharii epist.*, 22 : « quadam simultate a se invicem discordent » (p. 292).

2. *Dipl. de Lothaire I confirmant un dipl. de Louis le p.*, 4 déc. 840 B. M., 1076 : « propter evitandas discordias » (*Histor. de Fr.*, t. VIII, p. 376). Sous Charlemagne, les moines de Fulda sont en désaccord avec leur abbé (cf. plus haut, p. 64, et PŒSCHL, *op. cit.*, t. II, p. 2, n. 1).

3. *Frotharii epist.*, 21, p. 291.

4. *Dipl. de Louis le p.*, 3 avril 830, B. M. 845, dans HARIULF, *Chron. de Saint-Riquier*, III, 3, éd. F. LOT, p. 85. Les moines ont fait cette démarche en dehors de leur abbé, car le diplôme ne dit pas qu'il ait appuyé leurs requêtes.

5. *Charte des évêques du conc. de Pitres*, 864 (QUANTIN, 45, p. 87); *Dipl. de Charles le ch.*, 20 juin 864, B. 1722 (46, p. 91). Le diplôme rappelle que les moines ont pour abbé Lothaire, fils du roi, mais ne fait pas autre mention du personnage qui ne paraît pas s'être employé en faveur des moines pour leur obtenir ces privilèges.

6. *Dipl. de Charles le ch.*, 23 févr. 849, B. 1694 (*Histor. de Fr.*, t. VIII, p. 498).

de Montiérender[1], de Saint-Médard de Soissons[2], Charles le Chauve délivre un diplôme qui confirme l'établissement d'une mense en leur faveur. Qu'une part du temporel monastique leur soit réservée, c'est une grâce que désormais sollicitent les membres de la communauté, qui excite leur reconnaissance et provoque de leur part des remerciements.

Aussi dans les monastères livrés à un séculier, la constitution d'une mense conventuelle est considérée comme nécessaire si l'on y veut procéder à une réforme. On met à part la portion des moines en même temps qu'on rétablit la règle. En 822, Adaléodus, abbé de Saint-Amand, et le *missus* impérial Aldric, envoyé par l'empereur pour affermir dans ce monastère l'empire de la règle de saint Benoît[3], réservent des biens à l'usage des religieux. On a vu que, vers 825, les moines de Moyenmoutier considéraient l'indivision comme incompatible avec le maintien de l'observance. A Saint-Denis, les *missi* de l'empereur, Benoît d'Aniane et Arnoul, abbé de Noirmoutier, ont trouvé une majorité de religieux rebelles à la réforme ; ils se sont contentés d'établir dans une *cella* voisine ceux des Dionysiens qui voulaient vivre selon la règle[4]. Un peu plus tard, à l'instigation de l'abbé

1. *Dipl. de Charles le ch.*, 3 mai 845, B. 1579 (LALORE, *Chartes de Montiérender*, 7, *Cart. du dioc. de Troyes*, t. IV, p. 126).

2. Cf. *Epist. var.*, 25 (*Epist. karol. aevi*, t. IV, p. 180) et *Dipl. de Charles le ch.*, 21 sept. 870 (*Histor. de Fr.*, t. VIII, p. 628-9).

3. *Dipl. de Louis le p. pour Saint-Amand*, 29 juin 822, B. M. 757 : « quem ad praedictum coenobium dire ximus ad ordinem regulae sancti Benedicti confirmandum » (*Histor. de Fr.*, t. VI, p. 530).

4. *Dipl. de Louis le p. pour Saint-Denis*, 26 août 832, B. M. 905 (*Histor. de Fr.*, t. VI, p. 577). On ne sait s'il fut établi alors une mense séparée pour les religieux vivant canoniquement et une autre pour les moines réguliers. Mais ceux-ci eurent certainement une part d'ailleurs modique : « quaedam villa eis est data, in qua cella est illis a novo fundata » (*Charte d'Hilduin*, 22 janv. 832, *Conc. aevi karol.*, t. I, p. 689). Il est douteux que cette *villa*, siège de la *cella*, ait suffi à entretenir la communauté. Elle recevait peut-être de l'abbé de Saint-Denis des subsides, pris sur l'ensemble des revenus de l'abbaye.

Hilduin, une nouvelle tentative fut faite pour restaurer la discipline. Les archevêques de Sens et de Reims vinrent avec leurs suffragants procéder à une enquête; ils obligèrent les *canonici* à reprendre le joug de l'observance, rétablirent l'unité de la communauté[1]. C'est alors qu'Hilduin institua une mense conventuelle[2] à Saint-Denis, afin que l'ordre monastique ne fut plus troublé à l'avenir[3].

Les abbayes régulières, dont le chef est un moine, élu par la communauté, et non un prélat séculier qui lui est imposé par le roi, échappent à l'origine à ce démembrement effectif du patrimoine monastique. Les statuts de Corbie rédigés par Adalhard en 822 ne trahissent nulle part un partage opéré entre cet abbé et les religieux. Adalhard, qui est lui-même un religieux, règle toute la dépense, pourvoit à tout, garde en main l'administration du temporel entier[4]. Au monastère modèle d'Aniane, dont l'abbé est régulièrement élu par les moines[5], il n'y a pas trace non plus d'une mense spéciale à l'usage de la communauté. Charles le Chauve, renouvelant un diplôme de Louis le Pieux, énumère tous les domaines donnés à l'établissement par cet empereur *ad stipendia fra-*

1. *Dipl. de Louis le p.*, 26 août 832 (*Histor. de Fr.*, t. VI, p. 576-7).

2. *Charte d'Hilduin*, 22 janv. 832 (*Conc. aevi Karol.*, t. I, p. 688 et suiv.). Le diplôme de Louis le Pieux qui confirme cet acte (B. M. 906) est daté du 26 août de la même année, comme le diplôme qui confirme le rétablissement de la discipline.

3. « ad quod evitandum de cetero perditionis periculum... per quod a via rectitudinis et regulae sancti Benedicti institutione... deviare (*op. cit.*, p. 689-90).

4. Il est des « villae quas prepositus specialiter in ministerio habet » (*Statuts d'Adalhard*, VI, p. 356), mais cette simple assignation n'est pas l'équivalent de l'établissement d'une mense (cf. plus haut, p. 26 et suiv.) dans un monastère où il est visible que l'abbé règle toutes les dépenses. Il est stipulé (XI, p. 378) que des 4 parts faites de la provision de lard, l'une qui consiste en 50 porcs salés sera réservée « ad quod abbas voluerit ». C'est une simple réserve où on puisera quand la quantité fixée pour une mensualité n'aura pas suffi (*ibid.*, p. 379).

5. *Dipl. de Louis le p.*, 21 oct. 837, B. M. 970 (*Histor. de Fr.*, t. VI, p. 617); *de Charles le ch.*, 21 juin 853, B. 1630 (t. VIII, p. 526).

trum[1] et décide que ces biens seront tenus à perpétuité par les recteurs du monastère[2]. En 843, le même roi confirme aux moines de Saint-Lomer la faculté d'user de toutes leurs possessions pour le seul service de Dieu et d'élire librement leur abbé[3]. Tous les biens du monastère de Saint-Calais serviront à l'alimentation des religieux et seront éternellement placés sous l'administration de l'abbé régulier[4] choisi par eux[5].

Quand un monastère de *canonici* est ramené à l'observance de la règle bénédictine, il n'est pas institué de mense conventuelle si la réforme atteint la tête comme les membres de la communauté, si celle-ci obéit à un prélat de la même profession. Haudo, abbé de Montiérender, dont les religieux avaient passé à l'ordre canonial, rétablit en 827 dans sa maison, avec la permission de Louis le Pieux, l'observance de la règle monastique[6]. L'empereur décide que les biens de l'établissement seront tenus et possédés perpétuellement par les prélats et par les moines[7]. Il n'y eut donc pas à Montiérender, après la réforme, de menses séparées. A la vérité, Haudo était probablement un séculier[8], mais

1. *Dipl. cit. de Louis le p.* (*Histor. de Fr.*, t. VI, p. 616 et 617).

2. *Dipl. cit. de Charles le ch.* : « perpetuo a rectoribus ejusdem tenendas concessimus » (*Histor. de Fr.*, t. VIII, p. 525).

3. *Dipl de Charles le ch.*, 14 oct. 843, B. 1545 : « possessiones... ad solius Dei servitium eis habere liceat et abbatem jugiter ex seipsis habeant » (*Histor. de Fr.*, t. VIII, p. 445).

4. *Dipl. de Charles le ch.*, 24 août 855, B. 1659 : « res eidem monasterio pertinentes... pleniter debere haberi et in usibus atque stipendiis monachorum... sub administratione regularis abbatis eterna lege debere quoque teneri » (Froger, *Cart. Saint-Calais*, 20, p. 34). Ce diplôme dénie à l'évêque du Mans la possession et la jouissance des biens des religieux.

5. *Ibid.* p. 35.

6. *Dipl. de Louis le p.*, 12 févr. 827, B. M. 839 (*Histor. de Fr.*, t. VI, p. 552) ; 19 oct. 833 (Lalore, *Chartes de Montiérender*, 5, *Cart. du dioc. de Troyes*, t. IV, p. 122-3).

7. « A prelatis et monachis... perpetua possessione teneatur ac possideatur » (*Dipl.*, 19 oct. 833, p. 123).

8. Mis à la tête d'un monastère de *canonici*, il serait étrange qu'il fut moine. Il ne semble pas qu'il ait été fait abbé de Montiérender avec la con-

ce *vir religiosus*[1] était zélé pour la réforme, et, après lui, les moines auront certainement pour un abbé un régulier, car le diplôme impérial leur accorde la faculté d'élire l'un des leurs à la mort d'Haudo, pour lui succéder. Quand un évêque réformateur confie des religieux à un abbé moine comme eux, le patrimoine dont il dote le monastère est toujours indivis; jamais il ne songe à instituer une mense séparée en faveur des membres d'une communauté dont le prélat ne se distingue pas[2]. Au IXe siècle, un nouvel établissement est-il fondé et doté par un pieux et riche personnage, comme une abbaye naissante est toujours régulière et gouvernée par un saint moine, tout y est commun entre l'abbé et ses religieux[3].

Au milieu du IXe siècle, les monastères où moines et abbés réguliers jouissent ensemble du patrimoine intégral

signe d'y rétablir l'observance monastique. Il serait naturel que, pour une telle mission, l'empereur eut fait choix d'un moine. Mais Louis le Pieux a fait faire enquête par Ebbon de Reims, afin qu'il fut établi si vraiment, comme le déclarait Haudo, le monastère était apte à la vie régulière et si, en outre, les *canonici* consentaient à devenir des *monachi* (*Dipl. cité* du 12 févr. 827). L'initiative est donc partie d'Haudo, qui n'a pas été créé abbé pour opérer cette réforme.

1. *Dipl. cité*, 12 févr. 827.

2. Motoinus, évêque d'Autun, a converti un monastère de femmes vivant canoniquement en un établissement monastique. Son successeur, Jonas, complétant en 858 la dotation de la communauté, accorde à celle-ci le droit d'élire librement l'abbesse. (*Charte de Jonas pour Saint-Andoche*, 1 juin 858, *Gallia christ.*, t. IV, Instr., col. 52). En 849, Hérimannus, évêque de Nevers, a établi des moines et des *sanctimoniales* dans les monastères de Saint-Aignan et de Saint-Genès, leur a permis d'élire leur abbé ou abbesse et leur a rendu intégralement tous les biens qui appartenaient à ces *cellae* (MANSI, t. XIV, col. 926). Dans ces chartes qui règlent l'organisation de communautés réformées, mais pourvues d'un prélat régulier, il n'est fait aucune mention de menses séparées. On verra plus loin (p. 98-9) qu'en général, dans les monastères qui appartiennent à une église ou à une autre abbaye, le temporel, rétabli en faveur de ce monastère quand on y introduit la réforme, est indistinctement à l'usage de la communauté et de l'abbé régulier.

3. Voir la charte de fondation (c. 863) de Vézelay par le comte Gérard (QUANTIN, 43, p. 79 et suiv.). La dotation est tout entière consacrée « solis eorum stipendiis et necessariis sumptibus qui illic Domino serviunt » (p. 82).

se font rares déjà et leur condition paraît digne d'envie. Loup a obtenu l'abbaye de Ferrières de la faveur royale, et à coup sûr cet abbé, qui a pris la place de son prédécesseur disgracié, ne peut se vanter d'être l'élu de la communauté[1]. Toutefois Loup a fait profession monastique; il est abbé régulier : « Sachez, écrit-il, que de toutes nos *villae* c'est moi qui ai l'administration et le souci, moi seul ; quant à la jouissance des biens, elle est commune à tous les moines, mais c'est moi qui en fais la distribution. De cette manière, l'observance de la règle n'affaiblit pas la puissance séculière et la puissance séculière ne ruine pas la discipline religieuse[2] ». Il est évident que le monastère ne connaît pas à cette date la séparation des menses. Peut-être Loup de Ferrières veut-il faire ressortir l'avantage qu'il y a pour une maison à posséder un abbé régulier. Ainsi l'abbé a tous les soucis de la gestion du temporel, les *fratres* jouissent de tous les revenus. Sous un prélat séculier, le patrimoine serait divisé, une part dissipée par un étranger. Les moines réduits à la portion congrue devraient s'occuper eux-mêmes de leurs affaires, au lieu de s'en décharger sur leur abbé et au détriment de la discipline, de leur ferveur, comme aux dépens de leurs propres intérêts qu'ils sauraient moins bien défendre. Le siècle fera tort à la religion et la religion aux intérêts séculiers du monastère.

Cette condition à laquelle Loup félicite les siens d'échapper, était faite, sous le règne de Charles le Chauve, à la plupart des monastères. Le nombre des abbayes données en bénéfice à des séculiers et à des laïques n'a fait que croître avec le temps. Bientôt aussi, il y eut des établissements où on observait encore la règle de

1. Cf. *Lupi epist.*, 40 (*Epist. karol. aevi*, t. IV, p. 48 ; cf. n. 1).

2. *Op. cit.*, 51, lettre adressée aux moines de Ferrières : « accipiat omnium villarum nostrarum meum, meum inquam, esse regimen et laborem, usum vero fructuum, ipsum etiam secundum meam dispositionem, fratrum esse communem. Ita nec saecularem religio minuit potestatem, nec potestas confundit religionem » (p. 55-6).

saint Benoît, dont l'abbé était un moine et où pourtant était établie une mense conventuelle distincte du reste du patrimoine monastique.

Le sectionnement, qui s'est opéré dans le temporel d'un monastère au temps où les moines avaient un prélat *canonicus*, subsiste en effet souvent encore après qu'un abbé régulier leur a été rendu. Une mense conventuelle a été instituée par Benoît d'Aniane à Sainte-Colombe de Sens, alors que l'administration de l'abbaye appartenait au *canonicus* Jacob. Un peu plus tard, le monastère a passé aux mains des archevêques de Sens. En 836, Louis le Pieux décide qu'il ne sera plus soumis à cette église, mais rétabli sous le gouvernement de ses propres chefs[1]. On voit en effet l'abbé Sulpice prendre en main les intérêts de la maison qui lui est confiée[2]. Néanmoins la division des menses subsiste. L'empereur confirme en effet l'acte ancien qui a séparé du reste du temporel un certain nombre de *villae* à l'usage des moines. Il décide qu'aucune charge ou service ne sera jamais imposé à ces domaines, que l'abbé, soit qu'il appartienne à l'institut monastique, soit qu'il y demeure étranger, ne pourra distraire aucun de ces biens pour les donner en bénéfice. L'empereur ajoute que les réparations de la toiture devront être faites sur les biens communs du monastère[3], c'est-à-dire sur ceux qui n'ont pas été mis à part, à l'usage particulier des moines, et qui constituent en fait la mense du prélat.

Une abbaye qui a la bonne fortune de posséder un abbé régulier reste exposée en effet à devenir un jour la proie d'un séculier ou d'un laïque. Les moines de

1. *Dipl.*, 2 avril 836, B. M. 961 (QUANTIN, *Cart. de l'Yonne*, 25, t. I, p. 50-1)

2. *Dipl. de Louis le p.*, 10 juin 833 et 2 avril 836, B. M. 925 et 961 (QUANTIN, 22 et 25, p. 44 et 51). Sulpice est probablement un abbé régulier. Le diplôme du 2 avril 836, qui signale le *venerabilis vir Supplicius*, rappelle en effet qu'autrefois le monastère eut un *abbas canonicus* du nom de Jacob.

3. « de communibus ipsius monasterii rebus » (*Dipl.*, 2 avril 836, p. 51).

Sainte-Colombe doivent s'attendre à avoir un abbé qui sera de la même profession qu'eux ou d'une autre[1]. Quelquefois des moines ont à la fois un abbé régulier et un *rector* séculier. En dehors et à l'abri de cet abbé parasitaire, les moines et leur chef spirituel jouissent en commun de la mense séparée pour eux du reste du patrimoine. Il en était peut-être ainsi déjà à Sainte-Colombe au temps de l'abbé Sulpice. En tout cas, le fait existe un peu plus tard. Le 5 décembre 847, Sainte-Colombe avait pour abbé régulier Bernard qui obtenait pour le monastère renouvellement des privilèges d'exemption[2]. Or le même jour, du consentement de Lambert, *rector* du dit lieu[3], Charles le Chauve rend aux moines la *villa* de Cuy, attribuée jadis à leurs usages par Louis le Pieux et dont les avait privé la cupidité de quelques-uns de leurs recteurs[4], qui récemment ont donné cette *villa* en bénéfice. De même en 866, Charles le Chauve garde en ses mains l'*abbatia* de Saint-Vaast d'Arras, mais les religieux jouissent en commun avec leur abbé régulier de la mense qui leur est accordée[5]. Ainsi un monastère gouverné par un moine n'échappe pas nécessairement à la mainmise d'un séculier sur le temporel[6]. Il importe donc aux religieux de maintenir leur mense séparée dont ils jouiront en commun avec leur père spirituel, qui ne se distingue pas de la communauté, le reste étant abandonné au *rector* séculier s'il faut subir son intrusion.

Même quand les moines sont soumis à un abbé régulier

1. « ejusdem aut alterius professionis abbas » (*Dipl. de Louis le p.*, 2 avril 836, QUANTIN, 25, p. 51).

2. *Dipl. de Charles le ch.*, B. 1599 : « fidelis noster Bernardus abbas de monasterio domnae Columbae » (QUANTIN, 29, p. 58).

3. *Dip. de Charles le ch.*, B. 1597 : « cum consensu Lantberti, jam dicti loci rectoris » (QUANTIN, 30, p. 60).

4. On en peut conclure que Lambert a eu des prédécesseurs, sans doute aussi au temps de l'abbé régulier Sulpice.

5. Cf. plus loin, p. 85.

6. Les monastères qui appartiennent à une église ou à une abbaye sont exactement dans ce cas. Cf. plus loin, p. 98 et suiv.

et n'ont point de *rector* séculier, il peut leur être avantageux d'être en possession d'une mense indépendante. Un prélat qui n'est pas étranger à l'institut monastique peut l'être à la communauté qu'il administre ; s'il lui appartenait avant d'en devenir l'abbé, il n'est pas nécessairement l'élu des moines [1]. La plupart des prélats, même réguliers, en dépit des privilèges accordant à la communauté la libre élection de leur chef, doivent leur charge à la faveur royale. Quand une abbaye est mise aux mains d'un parent ou d'une créature du roi [2], cet abbé, même s'il est moine, peut se désintéresser des besoins de ses religieux et distribuer en bénéfice des biens qui pourtant leur sont indispensables. L'institution d'une mense séparée garantissait les moines contre ces abus de pouvoir commis par un abbé de leur ordre mais qu'ils n'ont pas choisi et qui n'a cure de leurs intérêts.

Un abbé qui a fait profession monastique, vit quelquefois comme un séculier, séjourne rarement auprès des moines et n'appartient pas en fait à leur communauté. C'est nécessairement le cas d'un abbé régulier promu aux grandes dignités ecclésiastiques ou palatines et pourvu de plusieurs abbayes. Hilduin parait bien avoir été un moine [3] au temps où il devint le chef des religieux de

1. C'est le cas de Loup de Ferrières. Son prédécesseur Eudes ayant embrassé le parti de Lothaire (*Lupi epist.*, 26, *Epist. karol. aevi*, t. IV, p. 33), Charles le Chauve a donné la charge abbatiale à Loup, moine dans la même abbaye et qui a su gagner ses bonnes grâces (cf. plus haut, p. 73). A Saint-Gall, l'abbé Bernwicus, qui s'est prononcé pour l'empereur, est chassé par Louis le Germanique : « indigne abbatem in nostro monasterio constituit Engilbertum monachum nostrum » (*Ratperti casus s. Galli*, 7, *Script.*, t. II, p. 67).

2. Les moines de Saint-Germain d'Auxerre ont le privilège d'élire librement l'un d'entre eux comme abbé (*Dipl. de Louis le p.*, 29 juillet 835, B. M. 945, QUANTIN, 23, p. 46). Néanmoins en 853, Hugues, parent de Charles le Chauve (*Dipl.*, 11 sept. 859, B. 1683, QUANTIN, 37, p. 70), abbé du monastère (il est dit *abbas* et non *rector*), fait confirmer par le roi la mense conventuelle (*Dipl.*, 30 juin 853, QUANTIN, 34, p. 66).

3. Cf. SCHRŒRS, *Hinkmar*, p. 12. Voir aussi sur ce grand personnage F. LOT, *De quelques personnages du IXe siècle qui ont porté le nom d'Hilduin*, dans le *Moyen Age*, 1903, p. 248 et suiv.

Saint-Denis. Plus tard, archichapelain de Louis le Pieux, résidant habituellement au palais, il ne considérait plus sans doute ses abbayes de Saint-Denis, de Saint-Germain-des-Prés, de Saint-Médard de Soissons que comme une source de revenus qui lui permettent de soutenir son rang.

Quand ils avaient un abbé régulier résidant et de leur choix, les moines pouvaient encore trouver profit à l'établissement d'une mense particulière. Les charges d'une abbaye qui est tenue de faire des dons au roi, d'envoyer des contingents à l'armée[1] peuvent réduire à l'indigence ceux qui vivent dans le cloître. Ferrières, s'il faut en croire Loup, est accablé par le *servitium* royal et les religieux souffrent famine[2]. Un abbé empressé à fournir à tous les besoins des moines peut être empêché d'y subvenir, au grand détriment de l'observance de la règle, en raison des exigences d'un maître à qui on ne peut rien refuser. L'institution d'une mense à l'usage exclusif des religieux les exonère de toutes charges, au moins pour cette part réservée. Il est stipulé que l'abbé n'en devra rien distraire pour le service public. Souvent le prélat qui établit en faveur des moines une mense conventuelle, déclare qu'il s'y est résolu afin qu'aucun de ses successeurs ne puisse faire obstacle à la vie régulière et dépouiller les moines du nécessaire à cause des exigences du service de l'État[3].

1. Cf. *Notitia de servitio monasteriorum*, liste dressée en 817 des monastères qui doivent *dona et militiam* ou seulement des dons, ou seulement des prières (Boretius, *Capit.*, t. I, p. 349 et suiv.).

2. *Lupi epist.*, 32 : « propter ejus (le roi) frequens servitium, quod prius a praecessoribus meis non exigebatur... omnia jam exhausta sunt, ita ut empticio frumento fratres jam mense integro sustententur » (p. 40). Ferrières est au nombre des monastères qui doivent *dona et militiam* (*Capit.*, t. I, p. 350).

3. *Dipl. de Louis le p.* confirmant le règlement d'Hilduin pour Saint-Denis, 26 août 832, B. M. 906 : « quatenus nulla occasione nec reipublicae servitio quisquam ex successoribus suis impedimentum illis in futuro inferre potuisset » (*Histor. de Fr.*, t. VI, p. 579); *pour Saint-Germain-des-*

§ II. — *Les Monastères de canonici*

Il est enfin de nombreux établissements qui ne peuvent avoir un abbé régulier attendu que la règle monastique n'y est observée par personne, pas même par la communauté qui est composée de clercs séculiers. Dans les monastères de *canonici*, le régime des menses séparées entre en vigueur à partir du règne de Louis le Pieux et n'apparaît pas avant lui [1]. Cet empereur recommandait aux évêques de faire en sorte que dans les monastères d'hommes et de femmes attribués à des clercs séculiers ou à des laïques, la communauté des clercs ou des reli-

Prés, 13 janv. 829, B. M. 857 (*ibid.*, p. 559); de *Charles le ch. pour Saint-Wandrille*, 21 mars 853, B. 1634 (t. VIII, p. 522). M. Pöschl (*op. cit.*, t. II, n. 1 de la p. 35) fait état, comme Thomassin (*op. cit.*, P. III, L. II, C. XX, 7, éd. André, t. VI, p. 583), du passage du continuateur d'Aimoin, suivant lequel Irminon, abbé de Saint-Germain-des-Prés, aurait déterminé « quantum monachi in proprios usus haberent quantumque abba ad exercitum regis vel in proprium vindicaret » (*Aimoini de gestis Francorum*, V, 34, éd. de 1567, p. 688). Ce texte du XIe siècle s'applique vraisemblablement au polyptyque d'Irminon qui, d'après cet écrivain, distinguerait la mense des moines de la part de l'abbé. Une source si tardive et si erronée est sans valeur.

1. Dans aucun monastère de chanoines, pas plus que dans les monastères réguliers, la mense conventuelle ne remonte au temps de Charlemagne. Le diplôme de cet empereur confirmant la mense des chanoines de Saint-Aignan d'Orléans (B. M. 360, M. G., *Diplom. karol.*, 297, t. I, p. 445) est un faux. Le diplôme de Charlemagne confirmant la mense des chanoines de Saint-Aubin d'Angers établie par Pépin (B. M. 134, *Diplom. karol.*, 58, p. 85; Giry, *Études de quelques documents angevins*, Append., I, *Mém. de l'Acad. des Inscr.*, t. XXXVI, 2e P., p. 211) que Giry tenait pour authentique, est, comme l'a reconnu le récent éditeur des diplômes Carolingiens, M. Mühlbacher (p. 84-5), l'œuvre d'un faussaire qui a combiné un diplôme authentique d'immunité accordé par Charlemagne à l'abbaye avec le diplôme de Charles le Chauve du 25 juin 849 (Giry, IV, p. 219), auquel il emprunte tout ce qui a trait à la part des chanoines. Le faussaire s'est contenté d'ajouter à la liste des biens dont cette mense est composée le domaine de Pruniers. Une seconde recension du même texte permit aux moines de défendre leurs droits de propriété sur des forêts voisines de Pruniers (cf. Giry, p. 185-6). Les deux faux ont été fabriqués dans les dernières années du XIe siècle, car usage en a été fait en 1098 (p. 181) et 1100 (p. 180). Le diplôme de Charles le Chauve et la charte du comte abbé Lambert (Giry, IV, p. 219) nous apprennent que c'est Louis le Pieux qui constitua la mense des chanoines, et ne font aucune mention d'un diplôme de Charlemagne.

gieuses vécut canoniquement, suivant les préceptes promulgués à Aix[1]. Le plus sûr moyen de procurer à cette communauté les *stipendia* réguliers que stipulent en faveur des *canonici* les canons du concile d'Aix, était de leur assigner des biens-fonds. L'abbé pourra d'autant plus facilement se résoudre à leur réserver cette part que le statut d'Aix prévoit pour les chanoines une portion moindre que celle des moines, attendu que des clercs peuvent posséder en propre[2].

Un grand nombre de ces abbayes sont aux mains non pas d'un clerc séculier, qui eut été du même ordre que ses *canonici,* mais en celles d'un laïque. Le comte abbé[3], à qui un monastère est donné en bénéfice, et qui le trouve habité par une communauté de chanoines, a peu souci en général de les contraindre à se mettre sous le joug de la règle bénédictine. Lorsque le cloître est désert, le comte abbé trouve plus simple et peut-être plus économique d'y installer des chanoines[4]. Des clercs, qui doivent attendre leurs *stipendia* d'un comte abbé, ont à posséder une mense séparée le même intérêt qu'une communauté de moines administrée par un abbé séculier. Au reste, un clerc, un évêque, à qui un monastère de *chanoines* est donné en bénéfice, vivra rarement avec eux[5]; il est pour des *canonici* comme pour des moines,

1. *Hludow. epist. ad archiep.* (*Conc. aevi karol.*, t. I, p. 462)

2. *Conc. d'Aix*, can. CXV (*Conc. aevi karol.*, t. I, p. 397).

3. Un comte abbé détient les monastères de chanoines de Saint-Marcel de Châlon (*Dipl. de Louis le p.*, 27 juin 835, B. M. 944) ; de Saint-Serge d'Angers (*Dipl. de Charles le ch.*, s. d., *Histor. de Fr.*, t. VIII, p. 486) ; de Saint-Aubin d'Angers (*Charte de Lambert, comte abbé*, 846, et *Dipl. de Charles le ch.*, 25 juin 849, Giry, *op. cit.*, p. 217).

4. Bérenger, comte de Brioude, préfère organiser à côté de l'église Saint-Julien une simple communauté de chanoines (*Dipl. de Louis le p.*, 4 juin 825, B. M. 797). L'abbé de Sitbiu, Fridogisus, qui est clerc, expulse les moines du monastère de Saint-Omer pour y établir des chanoines (*Chartul. Sithiense*, I, 57, Guérard, p. 75).

5. Le fait se produit quelquefois : « Fridogisus quia canonicus erat, cum canonicis in sancti Audomari monasterio seculariter vivebat » (*loc. cit.*). A Lobbes, le clerc Hubert, qui a envahi l'abbaye, paraît y avoir vécu avec

en raison de ses habitudes, de ses autres devoirs, un étranger et un intrus autant qu'un abbé laïque. A ces deux personnes distinctes, qu'entretient le temporel d'un même établissement, doivent aussi correspondre deux menses séparées.

On peut présumer qu'une mense conventuelle est établie dans un monastère de femmes chaque fois que leur est donné un prélat de l'autre sexe. Un diplôme de Charles le Chauve en faveur de Saint-Julien d'Auxerre où des religieuses vivent canoniquement, acte qui a été rédigé à la prière de Hugues, abbé de ce monastère, marque qu'une mense conventuelle y est établie [1]. L'abbé fait en effet confirmer par le roi les biens que possèdent à perpétuité les religieuses [2], afin que ses successeurs n'en puissent rien détourner à leur propre usage [3] et qu'elles ne manquent ni de vivres ni de vêtements. A la vérité le rédacteur du diplôme s'exprime comme si ces biens représentaient le patrimoine intégral de l'établissement [4]. Mais un diplôme de Louis le Pieux, délivré à la prière du même Hugues, qu'il a qualifié d'homme illustre et de comte, nous apprend que ce personnage tenait cette abbaye en bénéfice du roi [5]. On ne voit pas comment un

sa femme et ses enfants (*Gesta abb. Lob.*, 12, *Script.*, t. IV, p. 60). Dans les monastères de Saint-Maurice d'Agaune et de Saint-Pierre de Luxeuil, il résidait « cum illicitis mulieribus... meretricibus, canibus atque avibus, nequissimis necnon hominibus » (*Lettre de Benoit III aux évêques des Gaules*, MANSI, t. XV, col. 112). La cohabitation avec un tel abbé était aussi dommageable à des chanoines qu'à des moines.

1. s. d., QUANTIN, 26, p. 52-3.

2. *Ibid.* : « Deo sacratis ad perpetualiter possidendum, et ad supplementum victus et vestitus » (p. 52).

3. *Ibid.* : « et ut nullus successor, abbas videlicet aut rector memorati monasterii... ea auferre aut in aliam partem transferre presumat » (p. 53).

4. *Ibid.* : « postulavit... abbas... preceptum fieri de universis rebus juste et legaliter ipso monasterio competentibus » (p. 52).

5. *Dipl. de Louis le p.*, s. d. (QUANTIN, 15, p. 30). M. Poupardin (*Le roy. de Prov.*, p. 11) estime qu'il s'agit du père de Berthe, Hugues, peut-être comte de Sens. Il est plus vraisemblablement comte d'Auxerre. On voit

comte qui a reçu, à ce titre, un monastère de femmes pourrait encore s'en dire l'abbé et le bénéficiaire, s'il avait restitué aux religieuses tous leurs biens, sans s'en réserver une part.

Au temps de Louis le Pieux, s'établissent aussi, sous le régime de la mense séparée, des chapitres de chanoines appartenant à un type nouveau. Saint-Julien de Brioude n'avait jamais abrité une communauté monastique; à l'époque mérovingienne, la basilique était desservie, comme les églises rurales importantes, par un archiprêtre et des clercs, ses subordonnés[1]. Au temps de Louis le Pieux, le comte de Brioude, Bérenger, détenait, à titre de bénéfice, les biens de Saint-Julien. Il restaura l'église ruinée et établit auprès d'elle une communauté de chanoines qui obtinrent la faculté d'élire l'un des leurs pour abbé. Il a constitué en leur faveur une mense sur les biens de son bénéfice, c'est-à-dire sur les propriétés de l'église Saint-Julien[2]. Ainsi apparaît un type de chapitres apparenté à celui des communautés relâchées des monastères. Une riche basilique dont le temporel a été donné en bénéfice à un laïque, peut abriter, comme une cathédrale, un chapitre qui sera pourvu d'une mense par le détenteur laïque des biens de cette église.

§ III. — *Le créateur de la mense conventuelle.*

Dans les églises épiscopales, la mense du chapitre a été créée par l'évêque. C'est à la suite d'une entente directe

souvent en effet les monastères d'une cité appartenir à titre bénéficiaire au *comitatus* de celle-ci, par exemple à Brioude (*Dipl. de Louis le p.*, 4 juin 825, B. M. 797), à Châlon (27 juil. 835, B. M. 944), à Angers (*Dipl. de Charles le ch.*, 25 juin 849, et *Charte de Lambert, comte abbé de Saint-Aubin*, Giry, p. 217, cf. p. 208).

1. Cf. notre histoire de *la propriété ecclésiastique aux époques romaine et mérovingienne*, p. 58-9. 349.

2. *Dipl. de Louis le p.*, 4 juin 825, B. M. 797 (*Histor. de Fr.*, t. VI, p. 547).

entre le prélat et ses clercs, par un règlement spontanément adopté par le chef de l'église, en raison de ses dispositions bienveillantes à l'égard de ses chanoines, que des biens-fonds leur ont été assignés et mis en leur possession. La création des menses conventuelles dans les monastères ou dans les basiliques pourvues d'un chapitre, n'a pas ce caractère uniforme. La mense est instituée tantôt librement et tantôt par ordre, en vertu d'un règlement intérieur ou imposé du dehors ; les moines ou les chanoines sont redevables de ce bienfait à divers personnages, le roi, l'évêque diocésain, ou enfin l'abbé lui-même.

C'est à la suite des réformes provoquées par Louis le Pieux au sein des communautés qui desservent et habitent les églises et les monastères qu'apparaît la mense conventuelle. De cette innovation, il n'est pas rare que l'initiative soit prise directement par l'empereur dans les établissements qui, soi-disant libres, sont placés sous l'étroite dépendance de la royauté.

Souvent la création d'une mense conventuelle est l'œuvre des *missi* de Louis le Pieux venus sur son ordre dans un monastère pour y enquêter et réformer les mœurs des moines ou des chanoines. A Moyenmoutier, au temps où le monastère a Fortunat pour abbé, probablement entre 815 et 818, l'empereur a chargé Smaragdus, abbé de Saint-Mihiel, d'assigner leur part aux religieux frustrés[1]. A Sainte-Colombe de Sens, c'est Benoît d'Aniane, l'envoyé de l'empereur, qui établit une mense conventuelle[2]. L'abbé de Saint-Amand et Aldric, *missus* de l'empereur, venu à Elnone pour y restaurer la discipline, ont demandé en 822 à Louis le Pieux de confirmer la mense qu'ils ont formée pour les moines[3]. A Flavigny,

1. *Frotharii epist.*, 21 (*Epist. karol. aevi*, t. III, p. 290).
2. *Dipl. de Louis le p.*, 2 avril 836, B. M. 961 (QUANTIN, 25, p. 50).
3. *Dipl. de Louis le p.*, 29 juin 822, B. M. 757 (*Histor. de Fr.*, t. VI, p. 530).

un réglement *(ordinatio)* analogue fut l'œuvre des *missi* de Louis le Pieux, Aldric archevêque de Sens, Albéric évêque de Langres, Motoinus évêque d'Autun, Baso abbé de Saint-Benoît[1].

On ne voit pas les successeurs de Louis le Pieux faire procéder comme lui à une enquête sur l'état des monastères et charger expressément leurs *missi* d'attribuer une part du temporel à la communauté. Ces rois se contentent d'ordinaire de confirmer, comme l'a fait aussi cet empereur, l'établissement d'une mense conventuelle qu'opère un abbé par bienveillance à l'égard de ses religieux. Mais il arrive aussi quelquefois que la création de la mense soit rapportée expressément au prince. Il est dit de Charles le Chauve qu'il a établi une mense conventuelle à Saint-Médard de Soissons[2] et au monastère de Chézy[3]. On a pu attribuer à un roi l'institution d'une mense qu'il a seulement confirmée[4], mais il semble bien que des monarques aient parfois expressément voulu et ordonné que cette part fut faite aux religieux.

En pareil cas, l'établissement de la mense conventuelle est une mesure de précaution prise contre un abbé séculier en faveur des moines. Le roi concilie ainsi ses intérêts avec ses sentiments religieux. Les nécessités politiques l'obligent, estime-t-il, à imposer aux moines un prélat étranger à leur ordre, à livrer le temporel de

1. *Dipl. de Lothaire Ier*, 4 déc. 840, confirmant une *ordinatio* de son père, B. M. 1076 (*Histor. de Fr.*, t. VIII, p. 376).

2. *Epist. var.*, 25 (*Epist. karol. aevi*, t. IV, p. 180).

3. *Dipl. de Charles le ch.*, 11 août 855, B. 1658 (*Histor. de Fr.*, t. VIII, p. 542).

4. Charles le Chauve attribue à Louis le Pieux (*Dipl.*, 16 mai 844, HARIULF, *Chron. de Saint-Riquier*, III, 7, éd. F. LOT, p. 107), l'établissement en faveur des moines de Saint-Riquier d'une mense que son père déclarait, le 3 avril 830 (B. M. 845, *op. cit.*, 2, p. 85), confirmer simplement à la prière des moines. Toutefois, comme le diplôme de Louis ne précise pas que la mense a été établie par l'abbé et qu'aucune mention n'est faite du recteur du monastère, il est possible que l'empereur ratifie des dispositions prises antérieurement par ses *missi*.

l'abbaye aux mains de quelque grand personnage, clerc ou laïque, qui en abusera sans doute. Il met sa conscience en repos en réservant aux moines ou chanoines du monastère une part des biens qui puisse suffire à leur entretien. On a vu Louis le Pieux prendre à Moyenmoutier cette précaution, négligée par son père, à l'endroit de l'abbé séculier Fortunat. Charles le Chauve livrant l'abbaye Saint-Médard de Soissons à son fils Carloman attribue aux religieux un certain nombre de *villae* et les revenus d'autres domaines[1]. Le même roi, à la prière des moines de Saint-Amand, a mis des domaines à part pour les usages de la communauté, comme l'avait fait son père, parce qu'il suspecte les volontés changeantes des recteurs qui se succéderont à la tête du monastère, afin qu'aucun d'eux ne puisse détourner ces biens à d'autres usages[2]. Ou bien l'assignation de terres faite par le roi à la mense des moines est destinée à remédier à l'indigence dont souffrent présentement les religieux[3], ou bien elle doit empêcher à l'avenir leur abbé de les y réduire[4].

En 866, Charles le Chauve obtient de Lothaire II qu'il lui cède l'abbaye de Saint-Vaast d'Arras[5]. Ce riche

1. *Epist. var.*, 25, lettre des moines de Saint-Médard au roi (860-70) : « postquam enim vestrae pietatis largitas nostrae parvitatis usibus villas villarumque reditus... concedere pariter et delegare dignata est, ... non aliter a supra nominato seniore nostro (Carloman) obtinere potuimus ut praecepto vestrae altitudinis in reddendis villis adquiesceret, nisi... » (*Epist. karol. aevi*, t. IV, p. 180).

2. *Dipl.*, 23 mars 847, B. 1591 : « propter suspectas succedentium rectorum voluntates... segregavimus villas quasdam quae proprie fratribus deservirent, nec per ullam occasionem valerent a quolibet deinceps abbate ad usus alios detorqueri » (*Histor. de Fr.*, t. VIII, p. 488).

3. *Dipl. de Charles le ch.*, 20 mars 870 (*Cart. noir du chapitre Saint-Maurice d'Angers*, B. N., *Coll. Housseau*, t. I, nº 96, fº 121 ; *Coll. Moreau*, t. 2, fº 109) assignant aux usages des religieux du monastère de Saint-Jean, où repose saint Lézin, neuf manses « de praefatae rebus ecclesiae », afin de dérober ces *fratres* à leur indigence que lui a fait connaître son fidèle Waraco (l'abbé du monastère ?) et à la prière de celui-ci.

4. *Dipl. de Charles le ch. pour Saint-Amand* (cf. n. 2) ; *pour Chézy*, 11 août 853, B. 1638 (*Histor. de Fr.*, t. VIII, p. 542).

5. *Ann. Bertin.*, 866, ed. in usum schol., p. 82 ; *Charte des évêques pour Saint-Vaast* (Mansi, t. XV, col. 780).

établissement eut le sort que le roi avait précédemment infligé au monastère de Saint-Quentin [1] et auquel il devait réduire l'année suivante celui de Saint-Denis [2]. Charles le Chauve retint pour lui-même le monastère-chef avec les plus opulents domaines et distribua le reste des biens entre ses fidèles [3]. Or, l'année qui suit cette prise de possession du temporel de Saint-Vaast par le roi et les siens, les religieux obtiennent de Charles le Chauve un diplôme confirmant la dotation spéciale de chacun des services monastiques [4]. La personne du monarque se confond ici avec celle du prélat séculier qui fait une part à ses moines. Le roi, véritable abbé séculier du monastère [5], accorde aux religieux soit des biens qu'il s'était réservés l'année précédente, soit des domaines qu'il a distribués à ses fidèles à titre de bénéfice. Il stipule en effet que les précaristes et bénéficiers garderont, leur vie durant, la part qu'ils détiennent des terres assignées à la communauté. La main-mise du roi sur le temporel de l'abbaye, la division des biens faite entre ses fidèles, ont entraîné, à titre de compensation pour les moines, l'établissement d'une mense conventuelle proprement dite et un sensible accroissement de la part réservée aux religieux [6].

1. *Ann. Bertin.*, 866, ed. in usum schol., p. 84.

2. 867, p. 86.

3. « caput cum electioribus villis sibi retinens, cetera quaeque per quoscumque suos non cum tanto illorum profectu quam cum animae suae detrimento dividit. » (p. 84-5). Hincmar, on le voit, juge la conduite du roi très répréhensible. C'est sans doute pour mettre sa conscience en repos, cédant peut-être aux avis de l'archevêque de Reims, que le roi dote généreusement les divers services monastiques.

4. 30 oct. 867, B. 1743 (*Histor. de Fr.*, t. VIII, p. 604-6).

5. « praecipientes... ut nemo successorum nostrorum regum vel abbatum » (p. 605). La charte des évêques dit du roi qu'il a la *cura* et l'*ordinatio* du monastère (col. 786).

6. Des biens étaient déjà antérieurement assignés aux services du monastère : « quasdam villas ob multimodas necessitates praefatae monachorum congregationi delegatas propter rei firmitatem ». Mais cette affectation ne prouve pas l'existence d'une mense indépendante. Charles le Chauve a con-

L'évêque diocésain a souvent favorisé l'établissement des menses conventuelles dans les monastères, attendu que cette réglementation assurait le maintien de la discipline régulière. Frotharius de Toul émet un avis favorable au rétablissement à Moyenmoutier de la mense des moines[1]. Rodolphe, archevêque de Bourges, ramène des moines dans le monastère de Saint-Sulpice dont le temporel est tombé aux mains des laïques et assigne à ces religieux des biens à leur spécial usage[2]. Mais il ne semble pas que les pontifes aient jamais procédé d'autorité à un partage entre les religieux et leur abbé au simple titre d'évêques diocésains. Frotharius a fait enquête à Moyenmoutier sur les instances des moines; mais bien qu'il leur donne raison, il ne prend pas sur lui de rétablir leur mense : il les renvoie à l'audience de l'empereur[3]. Il n'appartient pas à un évêque, à moins qu'il n'en ait reçu commission du souverain, de tailler une part pour les moines dans le temporel qu'il a plu au roi de remettre intégralement aux mains de l'abbé de son choix.

Il en est autrement quand un évêque dispose du patrimoine d'un monastère à titre d'abbé ou de propriétaire. Souvent, avant d'être promu à l'épiscopat ou après son

firmé aux moines ce qu'ils avaient déjà et a augmenté leur part : « tam ea quae prae manibus habebant, quam et ipsa quae a nostra celsitudine humiliter exposcebant » (p. 605). Le rédacteur de la charte délivrée aux moines par les évêques (Mansi, t. XV, col. 786) s'exprime comme si c'était le roi qui le premier aurait fait une part aux moines. C'est probablement la première fois que l'abbaye tombe en des mains séculières. Le roi ayant disposé pour lui-même ou pour ses fidèles d'une part des biens, ceux qui étaient par un règlement domestique antérieur assignés aux divers services monastiques prennent le caractère d'une mense séparée. Le roi s'interdit à lui-même et à ses successeurs d'en rien détourner (p. 605-6). Les évêques stipulent que la communauté et son abbé régulier auront l'administration de cette part réservée : « nullus rex, nullus episcopus... de jam fatis rebus... aliquid agere praesumat; sed illarum ordinatio in abbate vel monachis pendeat » (col. 787).

1. *Frotharii epist.*, 22 (*Epist. karol. aevi*, t. III, p. 292).

2. *Dipl. de Charles le ch.*, 855, B. 1660 (*Histor. de Fr.*, t. VIII, p. 543).

3. *Frotharii epist.*, 21, p. 291.

sacre, il est entré en possession, d'ordinaire par la faveur du roi, d'une ou de plusieurs abbayes, sises dans son diocèse ou en dehors[1]. Cet évêque abbé rentre dans la catégorie des prélats séculiers ; ce n'est pas en qualité d'évêque qu'il institue dans son monastère une mense conventuelle[2]. Dans les établissements assujettis à sa cathédrale, il crée souvent une mense à l'usage des religieux, mais il agit alors non pas en tant que chef spirituel du diocèse, mais comme représentant de l'église propriétaire de ces abbayes[3].

L'établissement de la mense conventuelle dans les monastères n'est pas toujours provoqué du dehors. Le plus souvent, la mense conventuelle est issue d'une réglementation d'ordre intérieur, qu'on a simplement prié le roi ou les évêques de confirmer, et qui a été faite par l'abbé d'accord avec ses moines ou chanoines. Spontanément l'abbé a consenti à mettre en réserve une part et à en abandonner entièrement l'usage et l'administration à la communauté. La concession est faite à celle-ci soit par un abbé régulier, soit par un prélat appartenant au clergé séculier, soit par un laïque, simple particulier ou fonctionnaire royal, le comte abbé.

Souvent la mense conventuelle est instituée par un abbé bien intentionné à l'égard des moines ou des chanoines et qui veut les protéger contre des successeurs moins bien disposés. Einhart a remis aux *fratres* de Saint-Pierre-au-Mont-Blandin des biens-fonds, afin

1. Cf. la liste dressée par M. Hauck (*Kirchengesch. Deutschlands*, t. II, p. 202, n. 3) d'évêques pourvus d'une ou de plusieurs abbayes.

2. Louis le Pieux a concédé aux religieux de Saint-Aubin d'Angers des *villae* « ad usus ipsorum », à la prière d'Ébroin, évêque, qui était alors leur pasteur (*Charte de Lambert comte et abbé de Saint-Aubin*, 846, Giry, *op. cit.*, p. 219). Peut-être à la date où fut concédé ce diplôme, Ébroin n'était-il pas encore évêque de Poitiers (c. 840, cf. Giry, p. 218).

3. Cf. plus loin, p. 94 et suiv.

que ces religieux ne souffrent plus à l'avenir de la pénurie où les avaient réduits ses prédécesseurs [1]. C'est une formule de style dans les diplômes royaux qui confirment l'établissement d'une mense conventuelle par un abbé, que de prêter à celui-ci l'intention d'empêcher des successeurs négligents ou avaricieux de troubler dans l'avenir l'ordre monastique, comme cela s'est produit maintes fois dans le passé [2].

Il n'est pas sans exemple qu'un prélat séculier violente les moines et ne leur assigne une part que pour les réduire à la portion congrue. A Sithiu, la division opérée par Fridogisus, abbé séculier *(canonicus)*, a laissé dans la tradition du monastère le souvenir d'un désastre [3]. Ce prélat a diminué le nombre des religieux de Saint-Bertin afin d'avoir moins de bouches à nourrir ; à Saint-Omer, il a remplacé les moines par des clercs. Aux deux communautés, il n'accorde qu'une part dérisoire, se réservant pour lui-même tout ce qui est à son gré [4]. A Lobbes, on gardait aussi mauvais souvenir du clerc marié Hubert [5] qui a expulsé l'abbé régulier et partagé l'abbaye envahie entre ses hommes, assignant à la nourriture des moines quelques petites *villae*, celles qui ne produisaient qu'un maigre revenu [6].

1. *Carta Einardi, Liber tradit.*, 2, éd. FAYEN, p. 11-3.

2. *Dipl. de Louis le p. pour Saint-Denis*, 26 août 832, B. M. 906 : « ne aliqua successorum suorum negligentia aut parcitate, ordo in ea monasticus futuris temporibus perturbaretur, sicut praeteritis temporibus manifestum est contigisse » (*Histor. de Fr.*, t. VI, p. 579); *pour Saint-Germain-des-Prés*, 13 janv. 829, B. M. 857 (p. 559) ; *de Charles le ch. pour Saint-Germain-des-Prés*, 20 avril 872, B. 1779 (t. VIII, p. 639) ; *pour Saint-Wandrille*, 21 mars 853, B. 1634 (p. 522).

3. FOLCUIN, *Chartul. Sithiense*, II, 3 : « condolens infelicissimae et miserrimae divisioni et discissioni venerabilis Sithiensis coenobii ab infando Fridogiso factae » (GUÉRARD, *Cart. Saint-Bertin*, p. 84).

4. *Op. cit.*, I, 56, p. 74-5.

5. Sur ce personnage, frère de Theutberga, et qui outre l'abbaye de Lobbes a possédé Saint-Maurice d'Agaune et Saint-Martin de Tours, cf. PARISOT, *Le roy. de Lorraine sous les Carolingiens*, p. 83 et suiv., et POUPARDIN, *Le roy. de Provence sous les Carolingiens*, p. 48 et suiv.

6. FOLCUIN, *Gesta abb. Lob.*, 12 : « omnem abbatiam illico partitur in re

Même lorsqu'un monastère est abandonné à un laïque ou à un clerc de mœurs peu ecclésiastiques, qui tient son abbaye pour un bénéfice ordinaire et cherche à le rendre le plus productif qu'il se peut, cet indigne prélat trouve des avantages à établir une mense conventuelle. Il se délivre ainsi des importunités des religieux, se garantit contre leurs plaintes et dénonciations qui trouvent écho auprès des évêques [1], du Pape [2], d'un prince pieux comme l'est l'empereur Louis ou Charles le Chauve et peuvent entraîner, pour un abbé trop rapace, la perte de son abbaye [3]. Les abbés laïques qui ont de pieux sentiments font évanouir ainsi les scrupules qu'ils peuvent éprouver à jouir des biens ecclésiastiques, à en user pour de profanes usages, en dépit des anathèmes prononcés par les conciles contre les usurpateurs. La part des moines ou des chanoines une fois fixée, il ne s'élèvera plus de conflit entre les officiers de la communauté et les hommes d'affaires du prélat. Les rentes que l'abbé séculier ou laïque tire de son abbaye rentrent plus facilement. Einhart, qu'on voit si attentif à surveiller la perception des cens que lui doivent les hommes de son abbaye de Saint-Pierre-au-mont-Blandin [4], n'eut peut-être pas établi une mense conventuelle si ses intérêts

militari, delegans victui fratrum villulas et eas parvi redditus, ut placuit delegatori » (*Script.*, t. IV, p. 60).

1. Les plaintes des moines de Moyenmoutier sont appuyées au palais de Louis le Pieux par leur évêque Frotharius (cf. plus haut, p. 67). Les moines de Gorze trouvent appui auprès d'Adventius, évêque de Metz, contre le comte abbé Bivinus, qui leur refuse aliments et vêtements (*Charte d'Adventius*, 863, d'Herbomez, *Cart. de Gorze*, 60, p. 108).

2. Voir la lettre de Benoît III (J. W. 2669) aux évêques des Gaules dénonçant les agissements d'Hubert, abbé de Saint-Maurice d'Agaune : « monasterium... tanta ferocitate pervasit, ut nullus jam priscae religionis in eo ordo servetur. Nam illa quae Deo ibidem famulantibus... ministrabantur, nunc meretricibus, canibus atque avibus, nequissimis necnon hominibus sua largiuntur praeceptione » (Mansi, t. XV, col. 112).

3. Adventius s'est employé à expulser le comte abbé Bivinus du monastère de Gorze : « a potestate illicitae dominationis eruere festinavi » (*Charte d'Adventius citée*).

4. *Einhardi epist.*, 55 (*Epist. karol. aevi*, t. III, p. 137).

n'avaient pas été d'accord avec ses sentiments de piété et de bienveillance envers les religieux.

On voit souvent en effet un comte abbé accorder de lui-même aux moines ou aux chanoines une mense séparée. Dans les premières années du règne de Louis le Pieux, Bérenger, comte de Brioude, a restauré le sanctuaire ruiné de Saint-Julien, y a établi des chanoines et leur a attribué une dotation prise sur son bénéfice, à savoir sur les biens de ladite église Saint-Julien [1]. En 835, le comte Garinus, à qui est remis le soin et le gouvernement du monastère Saint-Marcel de Châlon, confirme la part que ses prédécesseurs ont accordé aux chanoines pour subvenir à leurs nécessités [2]. Sous le règne de Charles le Chauve, le comte abbé Girard [3] attribue aux usages des clercs du monastère de Saint-Serge d'Angers, placé sous son *regimen*, des *villae* dont il avait eu jusque-là la jouissance [4]. Le comte Rodolphe, abbé de Saint-Riquier, recteur de Jumièges [5], assigne des biens aux moines de ce dernier établissement [6].

La mense conventuelle est formée par les soins d'un abbé séculier, en vertu d'un accord fait par lui à l'amiable

1. *Dipl. de Louis le p.*, 4 juin 825, B. M. 797 : « quibus dedit res ex beneficio suo, scilicet de rebus praedictae ecclesiae sancti Juliani mansos centum, unde eorum necessitates fulcirent » (*Histor. de Fr.*, t. VI, p. 547).

2. *Dipl. de Louis le p.*, 27 juil. 835, B. M. 944 (*Histor. de Fr.*, t. VI, p. 601).

3. *Dipl. de Charles le ch.* (s. d.) : « sicut ab... Gairardo comite vel abbate constitutum est » (*Histor. de Fr*, t. VIII, p. 486).

4. *Ibid.* : « quasdam villas... ex abbatia Sancti Sergii... sui siquidem regiminis usibus et stipendiis fratrum deputaverat..., sicut ipse in suos dominicos usus eas habebat ». Il s'agit ici de biens appartenant à l'abbaye que l'abbé avait dans son *indominicatura*. Ce comte abbé remet aux mains des chanoines des terres qui leur permettront de subsister.

5. Le diplôme par lequel Charles le Chauve confirme en faveur des moines de Jumièges l'établissement de la mense (23 févr. 849, B. 1604, *Histor. de Fr.*, t. VIII, p. 498), donne à Rodolphe, oncle du roi, le titre de *rector*. Les moines de Saint-Riquier, dont il est aussi l'abbé, le désignent sous la dénomination de comte abbé (Hruodulfus comes, abbasque simul noster), dans le rouleau expédié après sa mort aux monastères qui leur sont affiliés (HARIULF, *Chron. de Saint-Riquier*, III, 9, éd. F. LOT, p. 117; cf. p. 113).

6. *Dipl. de Charles le ch.*, 23 févr. 849, B. 1605 (*Histor. de Fr.*, t. VIII, p. 499). Cf. LOTH, *Histoire de Jumièges*, p. 109-110.

avec ses religieux. Ce sont les moines de Jumièges qui ont eux-mêmes choisi les *villae* que le comte Rodolphe leur réservera[1]. Puis l'abbé et les religieux ont prié de concert le roi de confirmer leur arrangement. De même les moines de Montiérender et leur recteur, Altmarus, fidèle de Charles le Chauve, se sont présentés devant ce dernier pour lui demander de confirmer la part que l'abbé a raisonnablement constituée en faveur de ses moines[2].

Entrés en possession de leur mense, les moines ou chanoines vivent d'ordinaire en parfaite intelligence avec leur abbé séculier. Les religieux de Saint-Riquier font part à toutes les communautés auxquelles ils sont affiliés de la mort du comte Rodolphe, leur abbé, et le recommandent aux prières de leurs associés[3]. Les moines de Moyenmoutier ont gardé bon souvenir de l'archevêque Fortunat. L'accord rétabli par l'institution d'une mense conventuelle ne fut plus troublé jusqu'à son départ[4]. Le prélat revint sans doute mourir à Moyenmoutier et y fut inhumé[5]. Souvent l'abbé séculier commendataire fait des séjours prolongés auprès de ses religieux. A Saint-Gall, Hartmotus, à qui l'abbé séculier, Grimaldus, a confié le soin spirituel de l'abbaye, construisit pour ce prélat une très belle habitation avec toutes les dépendances nécessaires. Grimaldus demeurait ainsi souvent auprès des moines à qui sa présence procurait de grands avantages[6]. Un abbé séculier ou laïque, riche, influent,

1. *Dipl. de Charles le ch.*, 23 févr. 849 : « quasdam villas ex praefati monasterii abbatia secundum eorum (les moines) electionem usibus et stipendiis eorum deputasse ». (*Histor. de Fr.*, t. VIII, p. 499).

2. *Dipl. de Charles le ch.*, 3 mai 845, B. 1579 : « villas... ab eodem Altmaro usibus monachorum rationabiliter deputatas » (LALORE, *Chartes de Montiérender*, 7, *Cart. du diocèse de Troyes*, t. IV, p. 126).

3. Cf. plus haut, p. précéd., n. 5.

4. Cf. JÉROME, *L'abbaye de Moyenmoutier*, p. 145.

5. Voir plus haut, n. 4 de la p. 66.

6. *Ratperti casus s. Galli*, 8 : « eidem abbati domicilium cum omnibus necessariis ad illud pertinentibus utilissime pulcherrimeque construxit. Quare

se fait le patron de ses religieux, leur obtient des privilèges et souvent leur remet de larges aumônes.

Mais quand la mense a été établie d'autorité par un autre que par l'abbé, les moines sont exposés à être troublés dans la paisible possession de leur part. Les moines de Saint-Médard de Soissons, dont la mense a été instituée par Charles le Chauve, se plaignent au roi des prétentions élevées par son fils Carloman, devenu leur *senior*. Cet abbé s'est saisi de la mense des moines et il refuse de la leur rendre s'ils ne versent une somme aux frais du trésor du saint[1].

La création d'une mense conventuelle dans les abbayes nous apparaît ainsi comme un essai de liquidation du désordre produit par la mainmise des séculiers sur les biens des moines et sur les monastères eux-mêmes, de l'aveu et par la volonté des rois. Les moines et les chanoines, peu disposés d'abord peut-être à accepter la perte sèche de la plus grosse portion du temporel de l'établissement, se sont aperçus que ce pis aller était pour eux la seule sauvegarde contre l'arbitraire de l'abbé séculier. Lui-même a été aise d'être déchargé à ce prix de l'entretien de la communauté et délivré des doléances dont elle le poursuit ou dont elle assiège les rois et les puissants. Dans les premiers temps, le roi a souvent imposé d'office cette transaction. Après le règne de Louis le Pieux, l'abbé et sa communauté se sont le plus souvent directement entendus. Une communauté fervente, un abbé de goûts très profanes ont pu s'accorder de ce *modus vivendi* qui faisait à chacun sa part.

La séparation de la mense conventuelle, qui est l'équivalent d'une restitution partielle des biens confisqués pour le service du roi, s'est trouvée, à l'expérience, la meilleure

Grimaldo apud nostros seplus demorante, contigit nostri provectus non parum excrescere suavitatem » (*Script.*, t. II, p. 68).

1. Cf. plus haut, p. 84, n. 1.

des solutions imaginées pour concilier les intérêts de la *religio* et ceux de la *respublica*. Dans certains monastères il y a eu partage, à titre provisoire, des biens de l'abbaye entre les religieux et les laïques pourvus de bénéfices à leurs dépens. Il était convenu que l'unité du temporel serait réalisée de nouveau au profit des moines à la mort des bénéficiers. Ainsi en 827, il fut décidé que l'abbaye de Saint-Maixent, mise sous les rois précédents au pouvoir des comtes, serait ramenée à la vie régulière; elle aura un abbé qui vivra selon la règle de saint Benoît, elle ne dépendra plus que du pouvoir du roi. On rend aux religieux une portion de leurs biens. Le roi ne peut restituer présentement, en raison des nécessités politiques, la part donnée en bénéfice. Mais le monastère est affranchi de toutes autres charges publiques; les bénéficiers paieront nones et dîmes jusqu'au moment où le roi pourra faire rentrer les moines en possession de tout ce qui leur appartient[1]. Il est douteux que l'heure de ce règlement ait jamais sonné.

L'établissement d'une mense conventuelle était une solution plus franche et plus nette. La communauté est ainsi soustraite au régime du provisoire, elle peut s'organiser sur des données certaines et solides. On ne la privait que du vain espoir d'une restitution intégrale à laquelle les rois et leurs fidèles ne peuvent consentir, car à leur tour ils éprouveraient la gêne dont les moines seraient affranchis. Du moins l'unité du temporel monastique est en principe sauvegardée. La mense conventuelle représente la part seule utilisable pour les religieux; le reste est abandonné en fait à qui l'a reçu en bénéfice du roi, mais l'abbaye demeure propriétaire des biens dont l'abbé séculier a la jouissance comme de ceux qui sont réservés à l'usage de la communauté.

1. *Dipl. de Pépin I d'Aquitaine pour Saint-Maixent*, 13 janv. 827, Giard, *Catal.*, 7 (*Histor. de Fr.*, t. VI, p. 665), *de Louis le p.*, 10 oct. 827, B. M. 843 (*Histor. de Fr.*, t. VI, p. 553).

CHAPITRE VII

La reconstitution du temporel des monastères sujets

Tandis que dans les monastères libres mais assujettis en fait au roi, l'esprit réformiste fait établir en faveur de la communauté une part soustraite à la mainmise de l'abbé que lui impose la volonté royale, dans les monastères qui ne s'appartiennent pas mais qu'une église épiscopale ou une autre abbaye possède [1], le même mouvement réformateur provoque la reconstitution d'un temporel distinct de celui de l'établissement propriétaire. Le prélat qui avait confisqué les biens du monastère sujet accorde aux religieux dépouillés des restitutions et des dons. Le temporel monastique ainsi rétabli est l'équivalent de la mense qu'on a vu se former au profit de la communauté dans les églises et dans les abbayes indépendantes.

Il est des monastères dont l'évêque a personnellement l'usufruit et l'administration à titre d'abbé séculier [2]. D'autres sont devenus une propriété de l'église épiscopale [3], propriété dont les évêques disposent comme de

1. Sur l'origine du droit de propriété qu'exercent sur des monastères une église épiscopale ou un autre monastère, voir notre histoire de *la propriété ecclésiastique aux époques romaine et mérov.*, p. 137 et suiv.

2. Cf. plus haut, p. 86-7.

3. M. Parisot (*Le royaume de Lorraine*, p. 710-1) a dressé la liste des monastères appartenant aux églises épiscopales de Liége, Toul, Verdun, Reims, Cambrai, Strasbourg, Besançon, Trèves, Metz, Bâle.

tous les autres biens qui constituent leur évêché *(episcopatus)*[1]. L'appauvrissement du clergé à la suite de la spoliation qu'il a subie sous les premiers Carolingiens a provoqué une sorte de concentration de l'avoir ecclésiastique autour de l'église-mère. Les évêques qui n'ont plus de quoi s'entretenir consacrent à leurs dépenses propres ce qui subsiste du temporel des établissements religieux appartenant à leur église[2] et qui déjà, comme celle-ci, avaient beaucoup pâti de la *divisio*[3]. Ils s'efforcent de mettre la main sur le plus grand nombre possible d'abbayes[4]. Au IXe siècle, des évêques de mœurs séculières dévorent et distribuent en bénéfice à leurs gens[5] le temporel des monastères dont ils se sont assuré la possession.

L'absorption par les églises épiscopales de ce qui subsistait du patrimoine de ces maisons en réduit souvent les habitants à l'indigence et achève la ruine de la discipline. Quand un évêque zélé pour la réforme entreprend de restaurer la vie religieuse dans les monastères de son église, il doit commencer par

1. Cf. PŒSCHL, *Bischofsgut*, t. II, p. 175 et 194.

2. *Dipl. de Louis le p.*, 18 mai 822, B. M. 756, *pour les monastères Saint-Pierre, Saint-Jean et Saint-Remi de Sens :* « episcopi, non habentes unde subsidia sumtuum suis usibus necessaria caperent, ex eisdem cellis (episcopii) quantum extorquere quibant, dum aliunde sufficientiam habere non possent, dari sibi cogebant » (QUANTIN, 17, p. 34). En 830, Albéric, évêque de Langres, restitue au monastère de Bère « quicquid... praedecessores de hoc loco abstraxerant » (*Charte d'Albéric*, MANSI, t. XIV, col. 628).

3. Cf. PŒSCHL, t. II, p. 178 et suiv.

4. Louis le Pieux a dû intervenir pour rétablir sous le gouvernement de ses propres abbés le monastère de Sainte-Colombe de Sens : « quoniam deinceps memoratum monasterium per surreptionem quorumdam ecclesiae Senonicae subditum fuerat » (*Dipl.*, 2 avril 836, B. M. 961, QUANTIN, 25, p. 50). Les évêques du Mans cherchent à se faire adjuger le monastère de Saint-Calais (Cf. FROGER, *Cart. Saint-Calais*, p. XI et suiv.) ; l'auteur des *Actus* compose une série de faux destinés à établir les droits de propriété de l'église du Mans sur les monastères du diocèse (cf. J. HAVET, *Les actes des évêques du Mans*, dans *Bibl. école des chartes*, 1893, p. 657 ; 1894, p. 7 et passim).

5. Cf. PŒSCHL, p. 214 et suiv.

attribuer aux moines ou aux chanoines qu'il y rétablit des biens qui leur permettront de subsister[1].

La constitution d'une part réservée aux besoins de la communauté dans un monastère appartenant à l'évêché eut ainsi un caractère très particulier. L'opération consista non pas à séparer au sein du temporel monastique la portion des religieux de celle dont disposera leur abbé, mais à distinguer des autres biens d'une église ceux dont l'usage est laissé aux habitants du monastère épiscopal. Établir cette sorte de mense en leur faveur, c'est reconstituer de toutes pièces un temporel à un établissement qui, descendu à la condition de chose possédée, avait été dépouillé en fait, sans cesser d'être personne apte à posséder. C'est ainsi qu'en use Frotharius, évêque de Toul, à l'égard du monastère de Saint-Epvre qu'il dote en même temps qu'il le soumet à la règle[2]. Les monastères de Saint-Pierre, Saint-Jean, Saint-Remi, réunis au temporel de l'église de Sens sous les prédécesseurs de Jérémie, récupèrent un patrimoine en 822 des mains de cet archevêque[3]. A Bèze, l'évêque de Langres rétablit en 830 une communauté monastique et lui assigne une dotation[4]. En 852, l'évêque d'Angoulême, Launus, confère aux clercs de Saint-Cybar dont il a le gouvernement, des *villae* afin d'assurer à perpétuité leurs *stipendia*[5]. Ce temporel, l'évêque le reforme à son gré d'épaves de l'ancienne fortune de l'établissement et d'autres biens appartenant à son église. Frotharius de Toul a pourvu aux besoins des moines de Saint-Epvre en leur assignant des biens tant de son église Saint-Étienne que du

1. Cf. PŒSCHL, *Bischofsgut*, t. II, p. 231.

2. *Dipl. de Charles le gros*, 21 juin 885, B. M. 1661 (*Histor. de Fr.*, t. IX p. 340).

3. *Dipl. de Louis le p.*, 18 mai 822, B. M. 756 (QUANTIN, 17, p. 33-4).

4. *Dipl. de Louis le p.*, 830, B. M. 878 (MANSI, t. XIV, col. 627); *Charte d'Albéric*, évêque de Langres (col. 628-9).

5. *Dipl. de Charles le ch.*, 6 sept. 852, B. 1633 (NANGLARD, *Cart. de l'église d'Angoulême*, 126, p. 153).

monastère lui-même[1]. Albéric de Langres a rendu au monastère de Bèze ce que ses prédécesseurs en avaient enlevé et y a ajouté des *villae* de son évêché[2].

Ce patrimoine monastique, reconstitué en vue des besoins spéciaux des religieux, a bien le caractère d'une mense conventuelle. Des biens de l'église une tranche se sépare en faveur d'une communauté de moines ou de chanoines qui en jouira à l'exclusion de l'évêque, jusque-là seul usufruitier et administrateur. Celui-ci s'oblige à n'en rien détourner à son usage, à n'en donner aucune part en bénéfice, à n'imposer aux religieux aucune charge, en dehors de celles qui sont stipulées[3].

Les moines ou chanoines d'un monastère épiscopal se trouvent alors exactement vis-à-vis de leur évêque dans les conditions qui sont faites aux *canonici* d'un chapitre de cathédrale, émancipés et dotés par lui. Quelquefois la mense conventuelle de ces monastères est instituée en même temps que la mense du chapitre de l'église-mère. En 849, l'évêque de Nevers, Hérimannus, a pourvu aux besoins de toutes les communautés soumises à son église[4]. Il a doté le chapitre des clercs de sa cathédrale,

1. *Dipl. cité de Charles le gros*, 21 juin 885 : « (Frotharius) tam ex rebus suae ecclesiae beati Stephani quamque ex ejusdem monasterii sancti Apri deputatis usibus monachorum... villis sufficienter deputaverat » (*Histor. de Fr.*, t. IX, p. 340).

2. *Dipl. cité de Louis le p.*, 830 : « non solum res, quae ad praedictam abbatiam legaliter pertinebant, ibi reddidit, sed etiam alias res de praefato episcopatu ibidem subjecit » (MANSI, t. XIV, col. 627). Cf. *Charte d'Albéric* (col. 628).

3. *Dipl. de Louis le p.*. 18 mai 822, B. M. 756, confirmant l'établissement par Jérémie de Sens des menses des monastères Saint-Pierre, Saint-Jean, Saint-Remi (QUANTIN, 17, p. 34). Ces menses sont toujours établies par l'évêque; toutefois pendant la vacance du siège, le roi qui a en sa main le temporel de l'église, procède quelquefois à la constitution d'une mense en faveur des moines d'un monastère épiscopal (*Dipl. de Louis le g. pour Saint-Arnoul de Metz*, 24 nov. 875, B. M. 1515, *Histor. de Fr.*, t. VIII, p. 424). Cf. PŒSCHL, t. II, p. 230.

4. *Dipl. de confirmation de Charles le ch.*, 24 mai 850, B. 1618 : « Herimannus ex facultatibus et villis episcopatus sui, tam clericis sedis suae quam et aliis, per cellas eidem ecclesiae suae subjectas, canonicis et monachis et sanctimonialibus deputavit » (MANSI, t. XIV, col. 928). La charte d'Hérimannus déclare qu'aux monastères de Saint-Aignan et de Saint-

établi une mense pour les chanoines du monastère de Saint-Martin, rendu aux moines de Saint-Aignan et aux religieuses de Saint-Genès les biens appartenant à ces *cellae* [1].

Quelquefois la communauté n'a pas d'autre abbé que l'évêque lui-même [2]; il est le *rector* des moines qui jouissent, comme d'une mense séparée, des biens que celui-ci leur a rendus. Quelquefois aussi, le pontife donne à la communauté vivant sous la règle monastique un abbé qui appartient à la même profession [3]. Souvent il autorise les religieux à élire leur chef [4]. Les moines et leur prélat régulier jouissent alors, sous le régime de l'indivision, du temporel affecté par l'évêque à leurs communs usages [5]. Il arrive parfois qu'un roi peu scru-

Genès, l'évêque a rendu ce qui leur appartenait (« res ad easdem cellas pertinentes cum integritate reddimus », col. 926); le texte du diplôme royal montre que ces biens faisaient partie integrante des « facultates episcopatus ».

1. *Charte d'Hérimannus* (Mansi, t. XIV, col. 926). La notice ajoutée à la lettre de Leidradus à Charlemagne (cf. plus haut, p. 54, n. 3) montrerait qu'à Lyon les chanoines de la cathédrale et les monastères ou basiliques de la ville ont été pourvus en même temps d'une dotation (Cf. Pœschl, *Bischofsgut*, t. II, p. 230, n. 6).

2. Voir les exemples cités par M. Pöschl pour les diocèses de Constance, Cologne, Spire (*Bischofsgut*, t. II, p. 218, n. 5 et 219). Il n'est pas signalé d'abbé au monastère de chanoines de Saint-Martin de Nevers (*Charte d'Hérimannus*, Mansi, t. XIV, col. 926) et au monastère de *clerici* de Saint-Cybar d'Angoulême (*Dipl. cité de Charles le ch.*, Nanglard, 126, p. 153) qui sont des monastères épiscopaux. Vraisemblablement là où la règle bénédictine n'est pas observée, l'évêque se dispense d'instituer un abbé et en tient lui-même la place.

3. *Dipl. de Louis le p. pour les monastères sénonais*, 18 mai 822, B. M. 756 : « easdem cellas sub proprio semper regimine gubernans, secundum institutionem sanctae regulae abbates constituat et si necesse fuerit, mutet » (Quantin, 17, p. 35). En 891, le concile de Meung blâme les archevêques de Sens d'avoir établi au monastère épiscopal de Saint-Pierre-le-Vif des abbés venus d'autres monastères (64, p. 127).

4. Le concile de Meung décide qu'il en sera ainsi au monastère de Saint-Pierre-le-Vif (*loc. cit.*). Hérimannus, évêque de Nevers, autorise en 849 les moines de Saint-Aignan et les religieuses de Saint-Genès à élire leur abbé et abbesse (Mansi, t. XIV, col. 926).

5. *Charte d'Aldric de Sens pour le monastère épiscopal de Vareilles* : « habeant rectores et monachi ad eorum usus qui ibidem Deo sub norma

puleux[1], un évêque même[2] livre des abbayes épiscopales à un laïque à titre de bénéfice ; mais on estime qu'un établissement religieux, quand il est assujetti à une église, est mis, autant qu'il se peut, à l'abri d'un tel fléau[3]. En fait, on ne voit pas que les biens assignés à un monastère épiscopal aient jamais été divisés en deux parts, l'une pour la communauté, l'autre pour le personnage qui tient l'abbaye en bénéfice.

Les biens d'un monastère dont un évêque s'emploie à reconstituer le temporel avaient aussi parfois passé, au moins en partie, en d'autres mains que les siennes. L'archevêque de Bourges s'est ému de la ruine de l'abbaye de Saint-Sulpice tombée en des mains séculières. Cet établissement était placé sous le *regimen* du roi[4] qui, sans doute, a fait d'une portion du temporel de Saint-Sulpice un bénéfice en faveur du comte Girard, car, même après

beati Benedicti degerint » (QUANTIN, *Cart. de l'Yonne*, 21, t. I, p. 40). Cette charte a été interpolée (cf. WERMINGHOFF, *Vier Urkunden für S. Remi zu Sens*, dans le *Neues Archiv.*, t. XXVII, p. 226). Peut-être un moine faussaire a-t-il pris soin d'introduire dans la pièce cette clause qui protégera la communauté contre les prétentions d'un abbé séculier.

1. Le roi Lothaire à la mort de Hugues, abbé du monastère de Gorze qui appartenait à l'église de Metz (« quod subjacet ipsi ecclesiae sancti Stephani », *Charte d'Angilramnus*, 770, d'HERBOMEZ, *Cart. de Gorze*, 12, p. 29), a ordonné que cette abbaye servît aux besoins du royaume et l'a donnée en bénéfice au comte Bivinus (*Charte d'Adventius* de 863, D'HERBOMEZ, 60, p. 108). Cf. PŒSCHL, *Bischofsgut*, t. II, p. 217.

2. Cf. PŒSCHL, p. 218. Il n'est pas exact que Nicolas I interdise à Eudes de Beauvais de donner ses monastères à des abbés laïques, comme le pense M. Pöschl (*loc. cit.*). Le pape décide que les deux monastères acquis par l'église de Beauvais resteront toujours sous le gouvernement de l'évêque, afin que jamais ils ne passent au pouvoir et aux mains des séculiers (MIGNE, t. CXIX, col. 814-5).

3. Dans le privilège cité, Nicolas I déclare que la régularité ne peut régner dans les dits monastères « si reposita fuerint in saecularium manus vel si absque pastore ecclesiastico degerint, ut hactenus fuerint » (col. 814). Aussi interdit-il de les retirer à l'église de Beauvais.

4. *Dipl. de Charles le ch.*, 855, B. 1660 : « quod dudum nos et antecessores nostri... construxeramus, eumdemque locum nostro regimini addiximus, semperque eum sub nostra omniumque regum tuitione esse volumus » (*Histor. de Fr.*, t. VIII, p. 542-3). Il s'agit donc d'un monastère royal, mais qui prend aussi le caractère d'un monastère épiscopal, attendu que l'archevêque le réforme et lui refait un temporel.

la réforme faite par les soins de l'archevêque, on voit que le comte garde une part de l'abbaye à condition de payer nones et dîmes[1]. Avec le consentement et l'appui du roi, l'archevêque installe, en 855, une communauté de moines dans le monastère désolé, leur donne un abbé régulier, leur constitue enfin une mense. Celle-ci est distincte à la fois de la part que retient encore le comte Girard, laquelle sans doute est à jamais perdue pour les religieux, et des biens de l'église épiscopale, aux dépens desquels il semble que cette dotation ait été, en partie au moins, constituée[2]. Il est stipulé qu'aucun évêque de Bourges ne pourra à l'avenir rien distraire des domaines ainsi affectés aux besoins des serviteurs de Dieu.

De même que dans les monastères épiscopaux une part est faite aux religieux par l'évêque, ainsi dans les maisons soumises à une autre abbaye, une mense est instituée en faveur de la communauté sujette par les soins de l'abbé de l'établissement propriétaire[3]. Dans ce cas comme dans le précédent, le temporel des moines ruiné par la sécularisation et par les empiétements du prélat est reconstitué par lui. La part du monastère sujet est composée de biens qui en avaient jadis constitué la dotation et d'autres domaines que l'abbaye maîtresse abandonne. Celle-ci possède toujours la *cella* et les biens dont jouit la communauté qui l'occupe; mais il est interdit au recteur de l'abbaye mère de retirer au monastère

1. *Dipl. cité de Charles le ch.* : « nonas et decimas de parte ipsius abbatiae quam comes possidet » (*Histor. de Fr.*, t. VIII, p. 543).

2. Une part de l'ancien temporel sert aux usages des moines sous la forme des nones et dîmes, que le comte acquitte pour les biens qu'il détient. La charte n'indique pas quelle est la provenance des biens assignés par l'évêque aux moines. L'archevêque n'a certainement pas obligé le comte à rendre gorge, puisqu'il fait entrer en ligne de compte les dîmes payées par celui-ci. Peut-être l'archevêque jouissait-il lui-même d'une part des biens de Saint-Sulpice, qu'il aura restituée aux religieux.

3. Cf. Pœschl., t. II, p. 203.

filial l'usage des domaines qui lui ont été laissés. En 820, Louis le Pieux confirme au monastère de Cormery qui appartient à Saint-Martin de Tours tous les biens que jadis l'abbé Ithérius, fondateur de cette *cella*, lui a conférés et qui provenaient en partie du temporel de la célèbre basilique. Mais à cette dotation primitive, l'abbé Fridégisus ajoute, avec l'agréement de l'empereur, plusieurs *villae* destinées à l'alimentation des moines et de leur père spirituel[1]. En 850, un autre abbé de Saint-Martin, Vivien, destine des biens de la collégiale à soulager la détresse des moines et de l'abbé de Cormery et interdit à ses successeurs d'en rien soustraire[2]. Ces religieux ont obtenu du prélat licence d'élire leur chef[3]; aussi le temporel de la *cella* est à l'usage de la communauté inséparable de l'abbé régulier et ne constitue une mense séparée qu'au regard du recteur de Saint-Martin.

1. *Dipl. de Louis le p.*, 7 mars 820, B. M. 713 (*Histor. de Fr.*, t. VI, p. 520).
2. *Dipl. de Charles le ch.*, 16 févr. 850, B. 1616 (t. VIII, p. 507).
3. *Dipl. cité de Louis le p.*

CHAPITRE VIII

La part de la Communauté et la part du Prélat

I

Les églises et les monastères n'ont pas passé brusquement du régime de l'indivision des biens à celui des menses séparées. Rarement à l'origine un sectionnement net découpe le temporel en deux tranches parfaitement distinctes. Entre la part de la communauté et celle du prélat, il n'y a pas au IXe siècle de ligne fixe de démarcation ; il y a souvent compénétration et mouvement d'échanges.

On voit quelquefois subsister le régime ancien de l'indivision appliqué à certains services, tandis que pour d'autres fonctionne déjà celui de la mense séparée. Ainsi à Saint-Germain-des-Prés et à Saint-Denis, une portion conventuelle a été constituée d'abord pour subvenir aux dépenses du vestiaire des moines et des divers offices du monastère à l'exclusion de celui de la bouche. L'alimentation des religieux reste à la charge de l'abbé ; on s'est contenté de déterminer la quantité de vivres qu'il doit procurer chaque année à la communauté. Puis le prélat, d'accord avec les moines, s'est déchargé de ces fournitures en abandonnant d'autres domaines à la mense de la communauté. La méthode nouvelle, jugée plus commode par tous, a prévalu et s'est appliquée à l'ensemble des *ministeria* monastiques [1].

A Saint-Denis, quand le service des vivres eut été ainsi doté de biens-fonds, l'abbé continua de procurer à ses moines certaines provisions. Le prélat qui, en 862, abandonne aux religieux des *villae* en place d'une livraison annuelle de 1300 muids de seigle et de denrées diverses, leur servira encore sur sa part toute la quantité de froment nécessaire à leur alimentation, soit 2100 muids [2]. Au commencement du xe siècle, des fournitures étaient faites à la communauté aux frais de l'abbé du produit de cinq grands domaines. En 923, comme ces rentes ne suffisaient plus aux moines en raison des ravages des païens, le roi Robert décida que tout le rendement de ces *villae* serait désormais pour les moines, et en conséquence remit en leurs mains ces domaines [3].

Des biens-fonds restent quelquefois indivis et le revenu en est réparti entre la mense de la communauté et celle du prélat. Du vin produit par la *villa* de Vergny appartenant au monastère de Marchiennes, il sera fait trois parts, l'une pour le *senior*, une autre pour les communautés d'hommes et de femmes de Marchiennes, une autre pour les moines et les religieuses d'Hamaige [4].

En assignant des biens-fonds à la communauté, le prélat ne s'est libéré vis-à-vis d'elle que si ces biens produisent effectivement de quoi l'entretenir. Au cas où la part des moines ou des chanoines ne suffirait pas à les nourrir, l'*indominicatum* du prélat sera mis à contri-

1. *Cf.* plus haut, p. 23-4.

2. *Dipl. de Charles le ch.*, 19 sept. 862, B. 1706 : « denique a parte abbatis solvenda sunt illis annuatim de frumento modia duo milia centum » (*Histor. de Fr.*, t. VIII, p. 578).

3. *Dipl. de Robert I*, 25 janv. 923, accordant aux moines cinq *villae* : « quia praebendae ex parte abbatis exinde semper eis de censu inferebantur, nunc quia census barbarica infestatione non sufficiebat, omnis redditus ibi impendatur » (*Histor. de Fr.*, t. IX, p. 559).

4. *Dipl. de Ch. le ch.*, 11 juill. 877, B. 1819 (*Histor. de Fr.*, t. VIII, p. 667).

bution [1]. Quelquefois il est stipulé que l'abbé assistera les religieux lorsque le rendement de la récolte n'atteindra pas un chiffre fixé, qui représente leur consommation présumée. Ainsi à Saint-Germain-des-Près, on met à contribution les autres *villae* de l'abbaye quand les vignobles des moines ne produisent pas 2.000 muids [2]. A Saint-Denis, si la vendange ne rapporte pas 2.500 muids, l'abbé fournira la quantité qui manque [3]. Les communications, suppprimées dans les bonnes années entre la part des moines et celle de l'abbé, sont rétablies quand une mauvaise récolte rend insuffisante la dotation de la communauté.

Ailleurs, elles ne sont jamais interrompues. La communauté jouit seule d'un certain nombre de domaines et doit en outre recevoir du produit des autres *villae* une part proportionnelle à la récolte. En 822, des terres ont été attribuées aux moines de Saint-Amand. Néanmoins, ils ont droit aux nones du rendement de toutes les *villae* et possessions du monastère restées aux mains du recteur : grain, légumes, foin, fromage, etc. [4]. Dans d'autres monastères, les domaines qui forment l'*indominicatum* de l'abbé, qu'ils soient en ses mains ou aient été donnés par lui en bénéfice, fournissent aux moines, entre Pâques et Noël, la quantité de volailles fixée par

1. *Dipl. de Charles le ch. pour Marchiennes*, 11 juill. 877, B. 1818 : « et si neutrum horum usibus fratrum suffecerit, ex indominicato cuncta necessaria suppleantur » (*Histor. de Fr.*, t. VIII, p. 667) ; *pour Hasnon*, 9 juin 877, B. 1812 (p. 663).

2. *Dipl. de Charles le ch.*, 20 avril 872, B. 1779 (p. 640).

3. *Dipl. de Charles le ch.*, 19 sept. 862, B. 1706 (p. 578).

4. *Dipl. de Louis le p.*, 29 juin 822, B. M. 757 : « insuper censuimus etiam illis dari nonam partem de omni supellectili ejusdem ecclesiae per totas villas et possessionem ipsius coenobii Rectoris, id est, de annona, de legumine, de feno, de formatico... » (*Histor. de Fr.*, t. VI, p. 531). Cf. *Dipl. de Charles le ch.*, 23 mars 847, B. 1591 : « de villis dominicis nona pars totius supellectilis monachis tribuatur » (t. VIII, p. 489). Le diplôme désigne 18 *villae* qui devront faire ces livraisons. Peut être à cette date toutes les *villae* de l'abbé n'en ont-elles plus la charge.

une ancienne coutume [1]. Ailleurs, cette contribution n'est acquittée que par quelques-uns des biens-fonds dont l'abbé garde la jouissance. A Saint-Denis, en 862, les religieux perçoivent des redevances en volailles dans quarante-quatre domaines retenus par leur abbé [2]. Il est stipulé à cette date que ces mêmes propriétés leur fourniront 900 muids d'épeautre pour la fabrication de la bière, deux charretées de miel de 16 muids et les deux tiers des fruits des arbres. Les habitants de ces terres sont tenus à des corvées en faveur des moines. Des *villae* viendront des ouvriers pour cultiver les vignes de la communauté, des vignerons pour faire la vendange, des charpentiers pour préparer les fûts [3].

De certains domaines restés aux mains de l'abbé les moines retirent des redevances particulières. La *villa* de Sergé dans le Maine doit à la communauté de Saint-Denis 100 chapons ou une livre d'argent [4]. A ses religieux, l'abbé de Saint-Germain-des-Prés livrera, du produit d'une terre qu'il détient, huit muids de miel et la quantité correspondante de cire [5]. Le recteur de Saint-Aubin d'Angers a remis cinq domaines aux *canonici* du monastère et décidé qu'il leur sera fourni cent muids de sel provenant de la *villa Justiniaca* [6]. Au commencement du

1. *Dipl. de Charles le ch. pour Saint-Wandrille*, 21 mars 853, B. 1634 : « Volatilia autem inter Pascha et Natale Domini de villis dominicatis ipsius abbatis, sicut a longo tempore mos fuit, sive indominicatae, sive in beneficium donatae fuerint, cum integritate dari constituimus » (*Histor. de Fr.*, t. VIII, p. 523). A Saint-Martin de Tours, les *villae* données en bénéfice doivent fournir aux moines le tiers des volailles et des œufs (*Dipl. de Louis le p.*, 14 nov. 832, B. M. 909, t. VI, p. 582).

2. *Charte d'Hilduin*, 832 (*Conc. aevi karol.*, t. I, p. 691); cf. *Dipl. de Charles le ch.*, 19 sept. 862, B. 1706 (*Histor. de Fr.*, t. VIII, p. 578), qui fournit la liste complète des *villae*, dont le texte mutilé de la charte d'Hilduin ne donne qu'une partie.

3. *Dipl. de Charles le ch. cité*.

4. *Charte citée d'Hilduin*, p. 691 ; *Dipl. cité de Charles le ch.*, p. 578.

5. *Dipl. de Charles le ch.*, 20 avril 872, p. 640.

6. *Charte de Lambert*, 846, et *Dipl. de Charles le ch.*, 25 juin 849 (A. Giry, *Études sur quelques documents angevins*, p. 219-20).

xe siècle, trois *villae*, qui sont dans le *dominium* des recteurs de Saint-Aignan d'Orléans, procurent encore aux chanoines de cet établissement des provisions quotidiennes de pain ; chacune leur doit par an quatre entières réfections[1]. Parmi les domaines réservés à l'abbé de Saint-Denis, outre les redevances en volailles stipulées au profit de la communauté, quelques-uns livrent par surcroît aux religieux des approvisionnements de nature spéciale[2]. La *villa* de *Mairiu* leur rendra quinze muids de froment pur pour faire la *polenta*[3]; le domaine de *Madriacum* fournira des douves qui serviront au temps de la vendange[4].

La mense des moines est, elle aussi parfois, grevée de certaines charges au bénéfice de leur prélat. En 832, l'abbé de Saint-Denis, Hilduin, assignant des domaines au vestiaire des religieux, stipule que ces *villae* acquitteront les charges coutumières. Il a pris soin de les détailler et interdit à ses successeurs de rien exiger de plus. Il fixe le nombre d'arpents de terre ou le nombre de perches[5] que devront cultiver pour le compte de l'abbé les hommes de ces localités. Les habitants de l'une d'elles non seulement laboureront cinq perches de terre et travailleront à curer le lit du Crou, mais devront voiturer au cellier abbatial dix charretées de cercles de tonneaux. Pendant la vendange, deux charpentiers et

1. *Dipl. de Charles le s.*, 19 juin 914, B. 1942-3 : « quae villa... in dominio rectorum ejusdem monasterii catenus habita esse cognoscitur, de qua tamen jam dictis fratribus quotidiana panis stipendia et quatuor solemnes refectiones largiebantur » (*Histor. de Fr.*, t. IX, p. 519-20).

2. *Dipl. de Charles le ch.*, 19 sept. 862, B. 1706 (t. VIII, p. 579).

3. Suivant Ducange, la *polenta* est une bouillie faite de farine et de lait.

4. « de Madriaco tantum ex duvis quantum sufficit ad unum pontonem faciendum a carpentariis abbatis in cellario per vindemiam deservituris » (*loc. cit.*). Suivant Ducange *ponto* signifie un bac ; il s'agit évidemment ici d'un foudre de grande dimension que les charpentiers établiront dans le cellier.

5. L'arpent vaut de 13 à 25 ares suivant Guérard (*Prolégom.*, t. I, p. 166); la perche est la 12e partie de l'arpent.

huit manouvriers travailleront pour le compte du prélat[1].

Outre ces charges inhérentes à des propriétés assignées à la mense conventuelle, les religieux en supportent d'autres que l'abbé impose soit à la communauté, soit à ses nouveaux membres. Les moines de Saint-Denis sont tenus, à la date de 862, d'honorer leur abbé d'un présent de six livres d'argent aux fêtes de Noël et de Pâques et à la Saint-Denis[2]. Au commencement du xe siècle, c'était un usage ancien à Saint-Martin de Tours que le recteur du monastère prélevât sur les nouveaux chanoines un droit de provision. Le 30 avril 903, le comte Robert, recteur de Saint-Martin, avait fait abandon de ce profit à la mense conventuelle[3]. En 917, Charles le Simple a confirmé la concession qu'aurait jadis consentie son aïeul, Charles le Chauve, aux chanoines de Saint-Corneille de Compiègne, du *servitium* qui lui était dû par les nouveaux prébendés[4].

Les menses se compénètrent ainsi par enchevêtrement des biens-fonds et des revenus qui les constituent. Entre elles il se fait aussi un échange de charges qui se déversent de l'une sur l'autre au gré du prélat ou du roi qui les distribuent. Telle charge, à la vérité, étant d'intérêt

1. *Charte d'Hilduin* (*Conc. aevi karol.*, t. I, p. 693-4). En 862, le diplôme de Charles le Chauve stipule que les corvées habituelles seront faites au profit de l'abbé (*Histor. de Fr.*, t. VIII, p. 581).

2. *Dipl. de Charles le ch.*, 19 Sept. 862, B 1706 (*Histor. de Fr.*, t. VIII, p. 579).

3. *Dipl. de Charles le s.*, 30 avril 903, B. 1921, Mabille, *Panc. noire*, V, confirmant aux chanoines « praebendarum omnium mercedes, quas idem Rotbertus... fratribus perdonaverat » (*Histor. de Fr.*, t. IX, p. 497). Cf. *Dipl.* du 13 juillet 904, Mabille, XL (*Défense des privil. de Saint-Martin*, Titres, p. 8), du 27 juin 919, B. 1963, Mabille, VII (*Histor. de Fr.*, t. IX, p. 542). Les religieux de Saint-Maximin de Trèves doivent offrir « more solito benedictionem suam illi qui monasterio praesit » (*Dipl. d'Arnoul*, 11 févr. 893, Martène et Durand, *Ampliss. coll.*, t. I, col. 240).

4. *Dipl. de Charles le s.*, 28 juill. 917, B. 1955 : « omne servitium quod ad nos pro ipsis (praebendis) venire debuerat, ad proprios usus illorum teneant, sicut avus noster... imperator Karolus praedictis canonicis concessit » (Morel, *Cart. Saint-Corneille*, 8, p. 22).

commun, pèse à la fois sur les biens de la communauté et sur la part du prélat. Ainsi sur les terres de l'abbaye de Saint-Denis, les hommes de l'abbé et ceux des moines doivent, les uns comme les autres, travailler au curage du lit de la rivière qui arrose le domaine [1]. Mais des dépenses sont faites aussi dans l'intérêt exclusif des moines, tantôt aux frais de la communauté et tantôt aux frais de l'abbé.

A Sainte-Colombe de Sens, après l'établissement d'une mense conventuelle, les réparations de la toiture des bâtiments monastiques sont faites sur les biens communs de l'abbaye, c'est-à-dire les biens qui n'ont pas été mis en réserve en faveur des religieux et qui constituent en fait la part de leur *rector* [2]. A Saint-Denis, le règlement d'Hilduin qui ne constituait une mense conventuelle qu'en vue de certains services, décidait que la charge de l'entretien des toits et constructions ne serait pas supportée par la communauté. Il y sera pourvu sur le revenu des quarante-quatre *villae* qui déjà fournissent aux religieux quelques menues rentes et des autres propriétés de l'abbaye [3]. Quand en 862, la mense des moines fut enrichie afin qu'elle pût faire face à tous leurs besoins, on décida que les *villae* affectées à leur alimentation subviendraient aussi aux dépenses nécessitées par la mise en état du dortoir, de l'infirmerie, de la cuisine, de

1. La *mundatio Crodaldi* (le Crou) est stipulée parmi les corvées que doivent les habitants des 44 *villae* de la mense abbatiale astreintes à certaines charges en faveur de la communauté (*Dipl. de Charles le ch.*, 19 sept. 862, *Histor. de Fr.*, t. VIII, p. 578) et ceux des *villae* affectées au vestiaire des moines (*Charte d'Hilduin*, 832, *Conc. aevi karol.*, t. I, p. 693).

2. *Dipl. de Louis le p.*, 2 avril 836, B. M. 961 : « Ea vero, quae ad sarcienda ejusdem monasterii tecta necessaria fuerint, de communibus ipsius monasterii rebus ut... reficiantur, decernimus » (QUANTIN, 25, p. 51).

3. *Charte d'Hilduin :* « operimenta vero tectorum in eorum officinis et earum restauratio, dictante necessitate, sicut a longo tempore, consuetudo fuit, de jam dictis villis et abbatia reliqua fiant » (*Conc. aevi karol.*, t. I, p. 691). L'allusion faite à une ancienne coutume, antérieure à l'établissement de la mense conventuelle, montre qu'à Saint-Denis il y a eu des assignations de biens à divers services avant qu'une mense conventuelle fut constituée.

la *cella* des novices, de l'hôtellerie et de l'hôpital, de la pharmacie et divers édifices à l'usage de la communauté qui précédemment étaient réparés aux frais de l'abbé [1]. Toutefois les restaurations du réfectoire, du vestiaire, de la chaussée, des bains, de la boulangerie et autres bâtiments affectés aux services monastiques, seront, s'il est nécessaire, à la charge du prélat [2].

A Saint-Germain-des-Prés, les frais d'entretien du logis des moines sont répartis entre la masse des biens restés aux mains de l'abbé, d'une part, et d'autre part les dotations accordées aux deux principaux services de la communauté. Le revenu des domaines réservés au vêtement et aux autres besoins des moines qui n'ont pas trait à l'alimentation devra couvrir aussi les dépenses des réparations de l'infirmerie, du cellier et de tous les bâtiments monastiques placés par d'anciens règlements sous l'administration du doyen. Les biens assignés au service des vivres *(stipendiariae villae)* entretiendront le dortoir des religieux et la *cella* des novices. Les autres édifices du monastère doivent être restaurés aux frais de l'*abbatia* [3].

Mais ailleurs, l'abbé ou l'évêque, en instituant la mense conventuelle, s'est déchargé sur la communauté des réparations des bâtiments. L'évêque de Paris, Inchadus, dote largement le chapitre de son église, mais spécifie que l'entretien des toitures est désormais à la charge des chanoines [4]. A la prière du comte Lambert, abbé de

1. *Dipl. de Charles le ch.*, 19 sept. 862, B. 1706 : « et pro sartatectis ejusdem coenobii, dormitorio scilicet fratrum, ac omnibus officinis infirmorum et cella novitiorum, atque coquina fratrum et hospitum simulque infirmorum,... et medicina fratrum et aliis domibus in variis fratrum necessitatibus aptis : quae omnia ex parte abbatis antea componebantur » (*Histor. de Fr.*, t. VIII, p. 578).

2. *Ibid.* : « opertoria praedictorum tectorum a parte fratrum superius exceptis, vel reconcinnationes in refectorio, vel camera fratrum, sive caminata, et balneatorio et pistrino, seu in ceteris claustri officinis, dictante necessitate, a parte abbatis fiant » (p. 570).

3. *Dipl. de Charles le ch.*, 20 avril 872, B. 1770 (p. 639).

4. DE LASTEYRIE, *Cart. de Paris*, 35, p. 50.

Saint-Aubin d'Angers, Charles le Chauve confirme et enrichit la mense des *canonici,* afin que ces biens subviennent à tous leurs besoins et leur permettent, si le cloître et leurs habitations tombent en ruine, de les rétablir[1].

II

Entre la mense conventuelle et le reliquat des biens qui devient la mense du prélat, il n'y a pas toujours de coupure nette ; il s'en faut aussi qu'au IXe siècle les portions faites soient intangibles et invariables. Des retouches fréquentes sont apportées à l'ordonnance du temporel ; les parts sont remaniées, leur composition et leur importance relative changent, soit qu'on s'inspire des données fournies par l'expérience et du souci de mieux équilibrer les recettes et les dépenses de la communauté, soit qu'un prélat consulte ou sacrifie ses propres intérêts plus que ne l'avait fait son prédécesseur. Aussi, la mense conventuelle est en perpétuel état de transformation ; elle se dépouille et s'enrichit, s'élargit ou se rétrécit, au gré du prélat qui la confirme.

Quand un prélat a fait une part à la communauté, la possession dont celle-ci jouit reste précaire en face du droit de son *senior*. Qui assigna des biens à des religieux peut les leur reprendre. La confirmation accordée par le roi à l'acte qui institua la mense, l'ordre exprès même du monarque attribuant une portion des biens aux moines ne les garantit pas contre les entreprises de leur abbé. Carloman, recteur de Saint-Médard de Soissons, s'est saisi de la part attribuée aux religieux par son père Charles le Chauve et refuse de la leur restituer, s'ils ne

1. *Dipl. de Charles le ch.*, 25 juin 849 (A. GIRY, *Études sur quelques doc. ang.*, IV, p. 220).

lui livrent le contenu du trésor du saint[1]. Les moines se plaignent souvent que les *villae* affectées à leur usage leur sont ravies ; encore qu'ils n'osent toujours l'accuser, leur propre abbé est d'ordinaire l'envahisseur. En 845, l'abbé de Marmoutier, Raginoldus, rend aux chanoines les *villae* qui leur ont été prises[2]. S'il ne les avait pas usurpées lui-même, il n'en ferait pas restitution. En 877, cette communauté ne jouissait pas davantage des biens dont elle avait été jadis pourvue ; pour obtenir du recteur, Eudes, fils de Robert le Fort, qu'il subvienne à leurs besoins, les *canonici* lui exposent qu'ils sont réduits à la dernière indigence[3].

Souvent l'abbé taille des bénéfices pour ses fidèles dans la part de ses moines. Vainement, les chartes et diplômes qui confirmèrent l'institution ou le rétablissement de la mense conventuelle, interdisaient aux prélats du monastère d'en distraire aucune portion en faveur de leurs serviteurs. Par la cupidité de quelques recteurs, la *villa* de Cuy a été soustraite aux moines de Sainte-Colombe de Sens pour constituer un bénéfice[4]. En 832, l'abbé de Saint-Martin de Tours, Fridégisus, restitue aux usages de la communauté des biens qu'il avait mis aux mains de ses fidèles, soit qu'il ignorât les droits de ses religieux, soit qu'il ait cédé aux suggestions de méchantes gens[5]. Ses successeurs n'agirent pas

1. Cf. plus haut, p. 92.

2. *Dipl. de Charles le ch.*, 30 janv. 845, B. 1575 (*Histor. de Fr.*, t. VII p. 474).

3. Cf. MARTÈNE, *Hist. de Marmoutier*, t. I, p. 185.

4. *Dipl. de Charles le ch.*, 5 déc. 847 (QUANTIN, 30, p. 60).

5. *Dipl. de Louis le p.*, 14 nov. 832, B. M. 909 : « innotuit qualiter ipse partim per ignorantiam, partim vero per suggestionem quorumdam hominum, quasdam villas ejusdem monasterii sibi servientibus in beneficium dedisset, quae ad usum fratrum, ...olim deputatae fuerant » (*Histor. de Fr.*, t. VI, p. 582). On a vu plus haut (p. 33) qu'à cette date, il y a à Saint-Martin des biens assignés aux besoins des moines et pas encore une mense proprement dite et pleinement autonome. C'est ce qui explique l'ignorance de l'abbé, plausible s'il n'existait qu'un simple règlement d'administration, plus étrange si les moines ont en leur possession des biens qu'ils administrent eux-mêmes.

autrement. Les chanoines se sont plaints en 862 auprès de Charles le Chauve de la négligence des abbés, de la cupidité d'hommes mauvais, des ravages des païens, car de ce fait ils ont perdu la plupart des *villae* anciennement assignées à leurs subsistances. Le roi a compris ce qu'il faut entendre par la négligence des recteurs du monastère: il déclare illicites les concessions de bénéfices qu'ils ont consenties aux dépens de ces domaines[1].

Le prélat qui puise ainsi dans la mense des religieux peut aussi en changer à son gré la composition. Le roi qui fit la part des moines ou des chanoines peut par la suite la remanier. Pourtant, en général, le gros des biens affectés aux besoins d'une communauté garde à peu près cette destination au cours du IXe siècle. Les retouches apportées à la composition de la mense des moines ou des chanoines laissent souvent intacte au moins la majeure partie du lot primitif de domaines que la communauté s'est accoutumée à exploiter et que l'expérience avait reconnus propres à subvenir à tous ses besoins. A Saint-Riquier, la mense conventuelle nous apparaît identique aux diverses dates où la composition nous en est connue au IXe siècle, le 3 Avril 830, le 16 Mai et 24 Novembre 844, le 14 Mars 856[2]. Les dix-huit grands domaines assignés aux moines sous Louis le Pieux sont mentionnés dans tous les diplômes qui confirment la mense conventuelle. La seule modification sensible[3] con-

1. *Dipl.*, 23 avril 862, B. 1701 : « quamvis quibuslibet ex eis a rectoribus... loci illicita immunitione largita fuerint beneficia » (*Histor. de Fr.*, t. VIII, p. 573).

2. *Dipl. de Louis le p.*, B. M. 845, et de *Charles le ch.*, dans HARIULF, *Chron. de Saint-Riquier*, III. 2, 7, 9, éd. F. LOT, p. 85, 107, 110, 115.

3. Le diplôme du 24 nov. 844 donne des renseignements un peu moins généraux que les deux diplômes antérieurs; le détail ne porte guère que sur les dépendances de domaines signalés dans les premiers actes. Le diplôme énumère en outre les biens qui figurent au temporel de la *cella* de Forestmontier, attribuée aux religieux de Saint-Riquier.

siste en l'addition faite, en Novembre 844, de la *cella* de Forestmontier et du temporel de ce petit monastère, que le roi reprend aux moines, en 856, mais en les dédommageant. A Saint-Martin de Tours, un même lot de domaines se retrouve toujours dans la liste d'ailleurs variable des biens affectés aux *stipendia* des chanoines [1]. La plupart des localités où, en 822, les moines de Saint-Amand avaient des biens réservés à leur usage [2] sont mentionnées déjà dans le diplôme de Charles le Chauve confirmant, en 847, leur mense conventuelle [3].

Cependant, des domaines affectés à la mense des moines leur sont soustraits, puis rendus et traversent toutes sortes de vicissitudes. La *villa* de Barisis, en Laonnais, donnée par Childéric pour le commun usage des moines de Saint-Amand, leur avait été enlevée, suivant l'exposé d'un diplôme de Lothaire I, à cause de l'insolence de leurs recteurs [4]. Louis le Pieux la leur rendit [5] et l'affecta à la mense conventuelle [6]. Néanmoins, quand Charles le Chauve confirma, en 847, la dotation de la communauté, ce domaine n'en faisait plus partie [7]. En 867, le roi cède aux moines, à la prière de leur abbé Carloman, son fils, la moitié de la *villa* de Barisis qui appartenait à l'*abbatia* [8]. Quatre ans plus tard, un nouvel

1. Cf. Vaucelle, *La collèg. de Saint-Martin*, p. 120-1.

2. *Dipl. de Louis le p.*, 29 juin 822, B. M. 757 (*Histor. de Fr.*, t. VI, p. 530).

3. *Dipl.*, 23 mars 847, B. 1591 (t. VIII, p. 488-9). D'autres diplômes du même roi (20 sept. 863, B. 1714, p. 587; 18 oct. 867, B. 1742, p. 603; 4 févr. 872, B. 1777, p. 632) mentionnent des biens ignorés des précédents diplômes et ne signalent plus ceux qui figuraient dans les listes de 822 et de 847; mais il semble qu'il s'agisse de domaines récemment entrés dans la mense conventuelle. Le silence gardé par les diplômes qui les confirment au sujet de l'ancienne dotation de ces religieux ne prouve pas qu'elle ait disparu pour faire place à d'autres biens. Ceux-ci représentent sans doute un supplément de dotation accordé à la communauté.

4. *Dipl.*, 10 oct. 840, B. M. 1074 (*Histor. de Fr.*, t. VIII, p. 368).

5. *Ibid.*

6. *Dipl. cité de Louis le p.*, 29 juin 822.

7. *Dipl. cité de Charles le ch.*, 23 mars 847.

8. *Dipl. cité de Charles le ch.*, 18 oct. 867 : « libuit monachis... ex rebus

abbé, Gozlin, leur remet, en cette même localité, l'église et les dépendances de celle-ci, avec 67 manses[1]. En 905, la *cella* de Barisis est de nouveau, à titre bénéficiaire, il est vrai, aux mains de l'abbé du monastère, Robert[2].

Les retouches apportées à un ancien accord ont quelquefois diminué la part de la communauté. Ainsi en 862, Charles le Chauve forme la mense des chanoines de Saint-Martin de Tours en leur attribuant seulement un certain nombre des *villae* jadis assignées à leur entretien et dont leur recteur ne respectait plus l'affectation. Les *canonici* gagnent d'ailleurs à cet arrangement d'avoir désormais la pleine disposition des biens réservés à leurs usages[3].

Plus souvent peut-être, le remaniement est opéré en faveur de la communauté. Elle l'obtient d'un prélat plus soigneux, plus généreux ou mieux disposé à son égard. Au milieu du IXe siècle, la part faite aux chanoines de l'église cathédrale d'Autun était insuffisante. Les trois *villae* qui composent leur mense sont sises à une grande distance de la ville, et comme leurs revenus rentrent difficilement, les chanoines souffrent famine. L'évêque Jonas leur reprend ces biens et leur assigne deux autres *villae* de son *indominicatum*, plus proches de la cité et plus riches, ainsi qu'un troisième domaine qui leur avait été donné autrefois par l'un de ses prédécesseurs, Motoinus, et dont un autre évêque, sans doute, les avait dépouillés[4].

ipsius abbatiae medietatem cujusdam villae... quae dicitur Barisiacus... largiri » (p. 603).

1. *Dipl. cité de Charles le ch.*, 4 févr. 872 (*Histor. de Fr.*, t. VIII, p. 632).

2. *Charte de Robert*, 24 sept. 905 (MARTÈNE, *Thes. anecdot.*, t. I, p. 39); *Dipl. de Charles le s.*, 7 sept. 906, B. 1926 (*Histor. de Fr.*, t. IX, p. 502).

3. *Dipl.*, 23 avril 862, B. 1701 (*Histor. de Fr.*, t. VIII, p. 572). Cf. plus haut, p. 25.

4. *Dipl. de Charles le ch.*, 14 juin 859, B. 1676 (DE CHARMASSE, *Cart. de l'égl. d'Autun*, 19, t. I, p. 30). Voir plus loin (p. 125, n. 5) les additions faites par les évêques d'Auxerre à la mense de leur chapitre cathédral.

Quand il apparait que la mense des moines ne suffit pas à leur entretien, l'abbé leur accorde volontiers un supplément de dotation. Pardulus, évêque de Laon, devenu le *rector* du monastère de Montiérender a trouvé que les biens attribués aux moines par son prédécesseur, Altmarus, ne pouvaient subvenir à leurs besoins; par bienveillance, il veut ajouter quelques *villae* à celles que la communauté possède déjà[1]. Gozlin, abbé de Saint-Amand, s'est ému de l'indigence des moines et a prié le roi d'augmenter leur mense en puisant dans les biens de l'abbaye[2]. A Saint-Riquier[3], à Saint-Germain d'Auxerre[4], à Saint-Aubin d'Angers[5], les religieux obtiennent de leur recteur une assignation de biens complémentaire qui accroit leur part aux dépens de la sienne[6]. En général, les confirmations successives d'une mense conventuelle montrent qu'elle va s'enrichissant; peut-être le plus souvent, l'abbé et le roi ne font que reconnaître des

1. *Dipl. de Charles le ch.*, 6 févr. 854, B. 1645 : « sed non hoc ad eorum suplendam necessitatem... episcopo Pardulo sufficienter visum fuit. Ideoque et quasdam villas ipsis aliis rebus sua benevolentia addere voluit » (Lalore, *Chartes de Montiérender*, 8, *Cart. du diocèse de Troyes*, t. IV, p. 128).

2. *Dipl. de Charles le ch.*, 4 févr. 872, B. 1777 (*Histor. de Fr.*, t. VIII, p. 632). Son prédécesseur, Carloman, leur a octroyé déjà un supplément de dotation. En 921, l'abbé Robert leur donne la *villa* d'Escaupont « quae ex abbatia sua et dominicatu erat, ad sublevandas necessitates ejusdem congregationis » (*Dipl. de Charles le s.*, 11 juin 921, B. 1971, *Histor. de Fr.* t. IX, p. 552).

3. L'abbé Louis ajoute aux *stipendia* des moines la *cella* de Forestmontier et le temporel de ce monastère (*Dipl. de Charles le ch.*, 24 nov. 844, Hariulf, III, 7, p. 110).

4. L'abbé Hugues leur a donné un vignoble « ex ratione ipsius abbatiae » (*Dipl. de Charles le ch.*, 14 sept. 861, B. 1697, Quantin, 39, p. 74); il a fait aussi une donation à la *domus infirmorum* « ex rebus abbatiae » (*Dipl. de Carloman*, 11 juin 884, B. 1868, Quantin, 57, p. 111).

5. *Charte du comte abbé Lambert*, 846 : « quoniam in predictis rebus non eis sufficientia erat stipendii, deprecati sunt... ut concederemus eis... quandam villam Ladriacum » (Giry, *Études sur quelques doc. ang.*, IV, p. 220).

6. Les monastères sujets obtiennent aussi souvent un supplément de dotation. Les abbés de Saint-Martin de Tours accordent à diverses reprises aux moines de Cormery de nouvelles libéralités pour remédier à l'indigence de cette communauté (cf. plus haut, p. 101).

accroissements dus à l'industrie des moines et à la générosité de leurs pieux bienfaiteurs, mais quelquefois aussi le prélat élargit la mense conventuelle en rognant sa propre part sans jamais entamer celle-ci au point de l'appauvrir[1].

De leur côté, les moines assistent leur abbé obligé de faire face à des dépenses imprévues en lui cédant des biens qui leur avaient été attribués. L'abbé de Saint-Denis Louis, échappé des mains des païens et accablé d'adversités, a obtenu de la bienveillance de ses religieux plusieurs petits monastères et des biens-fonds sis en Lorraine et en Alemanie que les moines détenaient pour leur usage[2]. Mais ce prélat s'est rendu compte que c'est au péril de son âme qu'il garde ces propriétés dans son *dominium ;* aussi il a demandé au roi un précepte qui reconnaît les droits des moines à l'encontre des abbés, ses successeurs[3]. En 905, l'abbé de Saint-Amand a jugé que des biens de la mense conventuelle, sis dans le Laonnais, lui étaient indispensables pour le service du roi, et il a prié les religieux de les lui céder en bénéfice, sa vie durant[4]. Non seulement d'ailleurs il acquitte un cens qui témoigne du droit des moines, mais dans la crainte qu'ils ne viennent à manquer du nécessaire, il leur a attribué la *villa Diptiacus* prise sur la mense abbatiale[5].

1. L'accroissement de la mense conventuelle aux dépens de la part de l'abbé est sensible à Saint-Denis (*Dipl. de Charles le ch.*, 19 sept. 862, B. 1706, *Histor. de Fr.*, t. VIII, p. 577-81), à Saint-Germain-des-Prés (20 avril 872, B. 1779, p. 639-40), à Saint-Riquier (cf. plus haut, p. 112-3), à Saint-Amand (cf. p. 113-4).

2. *Dipl. de Charles le ch.*, 856 ? : « quas fratres ...in usu proprio tenuerant ; sed benevola voluntate eidem Hludowico ...a paganis erepto et in multis fracto concesserant » (*Histor. de Fr.*, t. VIII, p. 545).

3. *Ibid.* Le roi décide, « contra venturos abbates », que l'*abbatiola* de Salone restera aux mains des abbés, mais que les autres biens seront tenus par les moines.

4. *Charte de Robert* et *Dipl. de Charles le s.*, cités plus haut, p. 114, n.2.

5. « ex ipsa abbatia et ex nostro dominicatu villam quae dicitur Diptiacus » (*Chartes citées*).

III

La part de la communauté peut être composée de rentes en nature, de biens-fonds et enfin du casuel des aumônes. Une mense réunit souvent ces trois sources de revenus.

Les rentes à prélever sur certains domaines de l'*indominicatum* du prélat[1] ou servies aux moines et chanoines par les soins de leur abbé ou de leur évêque représentent l'élément le plus ancien de la mense conventuelle, puisqu'il en précéda et en prépara l'institution. Les fournitures faites à la communauté par l'abbé, qui les prélève sur la production totale des propriétés ou sur le rendement de domaines déterminés, assuraient jadis seules l'approvisionnement des moines[2]. Ces rentes devinrent un simple appoint quand les religieux eurent obtenu une dotation en terres. On a vu qu'à Saint-Denis, à Saint-Germain-des-Prés, l'abbé continua longtemps de procurer certaines denrées à la communauté [3]. En maints autres établissements, au IXe siècle, des revenus furent assignés à celle-ci sur des biens étrangers à la mense conventuelle. Quand un article, le sel par exemple[4], n'est fourni par aucune des *villae* dont elle se compose, une rente est constituée en faveur des moines ou des chanoines sur tel domaine de la mense du prélat qui produit cette denrée.

1. Quelquefois aussi les moines ont des rentes qui leur sont servies par le fisc royal. Charles le Chauve attribue aux moines de Saint-Médard de Soissons 120 muids de vin à prélever chaque année sur son *dominicum* (*Dipl.*, 21 sept. 871, *Histor. de Fr.*, t. VIII, p. 629).

2. Cf. plus haut, p. 18 et suiv.

3. Cf. plus haut, p. 22-4, 102-3.

4. Ainsi Louis le Pieux a assigné aux chanoines de Saint-Aubin 6 *villae* et une redevance de 100 muids de sel sur la *villa Justiniaca* (*Dipl. de Charles le ch.*, 25 juin 849 et *Charte de Lambert*, 846, GIRY, *op. cit.*, p. 219-20).

Les biens-fonds, élément essentiel d'une dotation, en l'absence duquel il n'existe pas de mense conventuelle proprement dite, appartiennent aux types de la petite ou de la grande propriété.

C'est le premier seul qui apparait quand la communauté est restreinte et pauvre. Celle du monastère de Saint-Pierre-au-mont-Blandin ne compte, au temps d'Einhart, que 24 clercs [1]. Cet abbé n'attribue à ses religieux aucune *villa* entière. Comme il est préoccupé de mesurer ses largesses à leurs besoins, le rendement des terres lui a servi de base. Dans une localité il sépare, à l'usage des clercs, une terre arable où on peut ensemencer 25 muids de grain, ailleurs une terre pour laquelle il faut 12 muids de semence, une vacherie et des pâturages, un pré à proximité de la mer et qui peut nourrir 120 brebis, une autre prairie, des manses et petites tenures en divers lieux, une part du vignoble attenant au monastère, un quartier de la forêt abbatiale où 50 porcs pourront paitre [2]. Telle est, à l'origine, la mense conventuelle de Saint-Pierre, composée uniquement de petites pièces de terre, de quelques prés et bosquets.

Le plus souvent les moines ou les chanoines possèdent un certain nombre de grands domaines. Quelques manses isolés, des prés, moulins, vignes, parts de forêt forment d'ordinaire un simple appoint d'une dotation composée essentiellement de *villae*. Le nombre des grandes exploitations qui forment la mense conventuelle est très variable [3]. Il est en rapport avec l'importance numérique de la communauté et avec la valeur intrinsèque des *villae*;

1. *Liber tradit.*, éd. FAYEN, p. 7.

2. *Op. cit.*, 2, p. 13-15. Un fragment de livre censuel (3-6, p. 15-21) que le *Liber traditionum* attribue au temps d'Einhart, décrit une mense bien plus largement pourvue, mais n'a été rédigé que plus tardivement, sans doute au Xe siècle.

3. Cf. plus loin, p. 121 et suiv..

car leur étendue et surtout la qualité des terres qui produisent revenu est loin d'être uniforme ou équivalente.

Aux clercs et aux moines revient aussi une partie ou la totalité des offrandes faites par les fidèles à l'autel, sur le tombeau du saint [1], à la porte du monastère. Le concile d'Aix de 816 approuve l'usage établi de remettre aux chanoines une part des oblations des fidèles [2]. En 832, l'abbé de Saint-Martin de Tours décide que le tiers de ce qu'apporteront au sépulcre de saint Martin les hommes qui craignent Dieu, appartiendra aux chanoines, sauf les vêtements et objets précieux qui doivent être réservés pour orner le saint tombeau [3]. L'abbé se réservait donc les deux tiers de l'offrande. L'usage existait aussi au monastère de Saint-Pierre-au-mont-Blandin, avant qu'Einhart en devienne le recteur, de partager entre le prélat et les clercs les aumônes des fidèles. Cet abbé estime abusive la mainmise de ses prédécesseurs sur les offrandes, et il supprime au bénéfice de la communauté les prélèvements faits jusque-là au compte du prélat [4].

IV

Il est malaisé de déterminer quelle proportion existe entre la mense conventuelle et la part du temporel restée aux mains de l'abbé ou de l'évêque. Celle-ci en effet n'est jamais évaluée ni décrite, car les chartes qui nous renseignent sur l'établissement ou le remaniement des menses ont été rendues en faveur non du prélat mais

1. Suivant l'inventaire fait en 831 à Saint-Riquier, la somme des offrandes apportées au tombeau du saint représentait chaque semaine 200 *margaritae* (marcs, cf. F. Lot, éd. d'Hariulf, p. LVI, n. 5), que Jean de la Chapelle, qui utilise en 1492 cette *descriptio*, évalue à 300 livres de monnaie courante (*Cronica*, VIII, 1, éd. Prarond, p. 35).

2. Cf. plus haut, p. 53.

3. *Dipl. de Louis le p.*, 14 nov. 832, B. 909 (*Histor. de Fr.*, t. VI, p. 582).

4. *Carta Einardi:* « insuper partem elimosinarum quae ad ipsum monasterium venire solet, quae hactenus ad nostrum opus recipiebatur, ad vestrum opus recipiendum concedimus » (*Liber tradit.*, 2, éd. Fayen, p. 13-5; cf. p. 7).

de la communauté ; elles se bornent par conséquent à énumérer les biens et les droits réservés aux moines ou chanoines sans spécifier de quoi se compose le reliquat.

A Lobbes, l'abbé séculier Hubert aurait laissé à la communauté la jouissance de la moitié de l'*abbatia* [1]. En 889, l'abbaye est attribuée à l'église de Liège, à condition que l'évêque respecte ce règlement [2]. Le roi Arnoul qui le confirme estime qu'Hubert a été chiche à l'égard des religieux [3]. Ce souverain tient pour certain que si les habitants du monastère rétablissent la vie régulière qu'ils ont abandonnée par la faute d'Hubert, l'évêque de Liège leur accordera davantage [4]. Et pourtant, à en juger par la *descriptio* qui fut faite des *villae* de l'abbaye en 866 après qu'Hubert en eut dilapidé le temporel [5], celle-ci était encore très riche, en dépit du dommage, et la moitié d'un lot si considérable de grands domaines devait largement assurer les subsistances d'une communauté même nombreuse.

Ailleurs on ne voit jamais composer les deux menses sur la base de l'égalité des parts ni suivant un pourcentage du temporel entier. La part des moines ou des chanoines n'est pas directement proportionnelle à la richesse de leur monastère ou de leur église, mais seule-

1. *Dipl. d'Arnoul*, 13 nov. 889, B. M. 1783 (Miraeus, Foppens, *Not. eccles. Belg.*, 21, *Opera dipl.*, t. I, p. 650).

2. Folcuin, *Gesta abb. Lob.*, 15. L'abbé de Lobbes, Franco, a fait décider l'attribution de l'abbaye à l'église de Liège : « facta prius convenientia, ut medietas abbatiae fratribus inibi regulariter militantibus in usu communi deserviret, aliam episcopus sibi et militantibus manciparet » (*Script.*, t. IV, p. 61). Cf. *Dipl. d'Arnoul cité*.

3. « plus cupiens praeesse quam prodesse monachis solam reliquerat » (*Dipl. cité*).

4. « certum habemus praedictum episcopum medietati abbatiae quam tenent, velle superaugere » (*Dipl. cit.*, p. 651).

5. Voir le polyptyque de Lobbes (Duvivier, *Recherches sur le Hainaut ancien*, Preuves, XV ter, p. 507 et suiv.). La pièce a pour titre, dans le manuscrit qui l'a conservée, « discriptionem villarum factam jussu Lotharii, anno 866, villarum scilicet quae residuae fuerint post dissipationem bonorum factam per Hucbertum ».

ment à leur nombre, qui est en rapport du reste avec la fortune de l'établissement. Presque toujours il est stipulé que la mense est établie pour tel nombre de clercs ou de religieux ; si la communauté s'accroît, la dotation devra être augmentée[1].

Le prélat n'accorde à ses subordonnés que ce qu'il juge indispensable à leurs subsistances. Tout le superflu que laisse disponible le riche temporel des églises et des monastères constitue de droit le bénéfice du prélat. Il n'est pas douteux que cette part qui devient la mense épiscopale ou abbatiale ne soit plus considérable que la portion réservée aux moines et chanoines. En 862, date où la composition de la mense conventuelle de Saint-Denis nous est le mieux connue, les moines détiennent pour leurs *stipendia* cinq *villae*[2], plus quatre autres affectées à l'infirmerie, au réfectoire et aux réfections offertes aux religieux à certains anniversaires[3]. Une vingtaine de grands domaines constituent la dotation de leur vestiaire et de divers autres services[4]. La communauté dispose donc pour ses divers besoins de trente *villae* environ, outre un certain nombre de manses éparpillées, des rentes diverses en nature et tous les vignobles nécessaires à une production de 2.500 muids de vin[5]. Cette mense, établie pour 150 moines, si considérable qu'elle soit, n'est pas équivalente à la part de l'abbé. Le

1. Cf. plus haut, p. 19.

2. *Dipl. de Charles le ch.*, 19 sept. 862, B. 1706 (*Histor. de Fr.*, t. VIII, p. 577-8).

3. *Ibid.*, p. 579-80.

4. *Ibid.*, p. 580-1. Le nombre ne peut être fixé qu'approximativement. La liste assez confuse énumère des *villae* et des dépendances de *villae* qui ont été échangées contre d'autres domaines, ce qui autorise des supputations variées.

5. *Ibid.*, p. 578. La part faite aux moines de Saint-Vaast d'Arras paraît être sensiblement égale. En 867, ces moines jouissent de 29 *villae*, de la moitié du *vicus* voisin du monastère, de la *curtis dominica* et de divers petits biens ou droits (*Dipl. de Charles le ch.*, 30 oct. 867, B. 1743, *Histor. de Fr.*, t. VIII, p. 605).

diplôme royal énumère, en effet, quarante-deux autres *villae* qui doivent aux moines, suivant une ancienne coutume, des redevances en volailles [1]. Or ce lot de domaines ne représente pas le total des biens que l'abbé continue d'administrer et dont il a la jouissance. Une charte antérieure qui renferme la même liste stipule, en effet, que les réparations des bâtiments monastiques seront exécutées aux dépens de ces mêmes *villae* et du reste des biens de l'abbaye [2]. La part de l'abbé, quoique grevée de la charge de fournir aux moines leur approvisionnement de blé, est évidemment la plus grosse.

A Saint-Germain-des-Prés, en 872, huit *villae* sont assignées aux moines pour le vestiaire et divers services, six autres pour leur alimentation, outre des vignes et quelques redevances [3]. De ces quatorze domaines, six seulement figurent au polyptyque de l'abbé Irminon qui, tout incomplet qu'il nous soit parvenu [4], nous donne des renseignements sur vingt-quatre *villae*. En 872, la mense conventuelle renferme donc seulement le quart des biens que le monastère possédait, à notre connaissance, au temps de Charlemagne. La portion que détient la communauté du produit des acquisitions récentes était peut-être

1. La liste comprend 45 noms et est empruntée à la charte d'Hilduin (*Conc. aevi karol.*, t. I, p. 690-1), mais trois des domaines énumérés ont été attribués aux *stipendia* des moines.

2. Cette stipulation a disparu du diplôme de 862, attendu que la mense conventuelle enrichie doit désormais subvenir aux frais des réparations. Mais elle est renfermée dans la charte d'Hilduin : « de jamdictis villis et abbatia reliqua fiant » (*loc cit.*).

3. *Dipl. de Charles le ch.*, 20 avril 872, B. 1779 (*Histor. de Fr.*, t. VIII, p. 638-9).

4. Cf. Guérard, *Prolégom.*, p. 37. Cet érudit estimait notamment que les domaines signalés en 829 et en 872 comme compris dans la mense conventuelle, appartenaient depuis longtemps au monastère et devaient figurer au polyptyque d'Irminon ; toutefois rien ne prouve que ces *villae* ne soient pas d'acquisition plus récente. Il en est autrement des terres données par Charlemagne, signalées dans un diplôme de Pépin I d'Aquitaine (10 août 829, Giard, n° 14) et que la partie conservée du polyptyque ne mentionne pas, ainsi que des autres biens qui pouvaient être, comme ceux-là, consignés dans les cahiers perdus du manuscrit.

proportionnellement plus forte; mais au total, à une date où l'abbaye est plus riche qu'aux premières années du IXe siècle, la part des moines équivaut au plus à la moitié de l'avoir géré jadis par l'abbé Irminon.

Le temporel de l'abbaye de Saint-Riquier, quand en fut fait l'inventaire en 831 [1], comprenait, suivant Hariulf, vingt *villae*, dont quelques parties étaient en mains laïques à titre bénéficiaire, treize *villae* qui sont tout entières dans la *dominicatura* du saint, sans qu'il en soit rien cédé en bénéfice, trois petits monastères dépendants, cinq autres domaines [2], et la *villa* de Saint-Riquier qui contient 180 manses. La part faite aux moines est relativement considérable; elle est composée, en 830, de dix-huit *villae*, auxquelles est ajouté, en 844, le monastère de Forestmontier [3]. Pourtant le lot des moines qui d'ailleurs comprend précisément les domaines dont une part est donnée en bénéfice, est inférieur à la portion du temporel dont ils n'ont pas la jouissance [4].

A l'origine au moins, la mense d'un chapitre est moins bien pourvue qu'une mense monastique. A la fin du règne de Charlemagne, les chanoines de l'église cathédrale de Lyon avaient la jouissance de 83 manses vêtus et de 50 manses nus, tandis que l'archevêque Leidradus retient pour lui-même 760 tenures et en affecte 95 à l'usage de ses deux chorévêques [5]. Les prélats qui, au

1. HARIULF, *Chron. de Saint-Riquier*, III, 3, éd. F. LOT, p. 86.

2. *Ibid.*, p. 94-6.

3. Cf. plus haut, p. 113.

4. Le lot des moines apparaîtra bien plus maigre si on se fie aux indications que Jean de la Chapelle, écrivant en 1491 sa Chronique, déclare tirer de l'inventaire fait en 831. Outre le bourg de Saint-Riquier qui compte 2.500 feux (*Cronica*, VIII, 1, éd. PHAROND, p. 35), la *descriptio* aurait accusé 95 *villae* « per modum advocationis partinentes huic ecclesiae » (2, p. 36) et 117 *villae seu oppida* « per totidem milites possessa per modum fedi a dicta ecclesia » (p. 38).

5. *Notice ajoutée à la lettre de Leidradus à Charlemagne* (*Epist. karol. aevi*, t. II, p. 542). Sur la valeur de cette notice, voir plus haut p. 54, n. 3.

temps de Louis le Pieux, dotent le chapitre de leur cathédrale, paraissent en général s'être montrés assez parcimonieux. L'évêque d'Auxerre n'attribue à ses chanoines que la *villa* de Pourrain [1]. Aldric du Mans, qui est le véritable créateur de la *canonica* de son église, ne remet aussi à ses clercs qu'une seule *villa* [2]. Motoinus, évêque d'Autun, n'a octroyé, à notre connaissance, qu'une *villa* à son chapitre [3]. De même, le comte de Brioude Bérenger, qui établit des chanoines dans l'église Saint-Julien, ne leur assigne que 100 manses, dont 40 sont réservés à leur abbé [4]. Vers 849, Hérimannus, évêque de Nevers, rétablissant des moines au monastère Saint-Aignan, leur rend tout le temporel de cette maison ; aux 16 chanoines qu'il établit au monastère de Saint-Martin, il se borne à accorder une *villa* et quelques biens-fonds peu considérables en trois localités [5].

Les chanoines en effet peuvent posséder en propre et n'ont droit, décide le concile d'Aix, qu'à une part moindre que celle des moines [6]. Le rétablissement de la vie régulière dans un monastère entraine un accroissement des biens affectés aux besoins de la communauté [7]. Quand un chapitre cathédral est à l'origine faiblement doté, l'évêque continue sans doute de faire à ses clercs des distributions comme l'y obligeait le concile d'Aix [8]. Les offrandes des fidèles contribuent à entretenir le clergé qui, constitué en chapitre, n'a point cessé de desservir l'église cathé-

1. *Dipl. de Louis le p.*, 12 nov. 819, B. M. 705 (Quantin, *Cart. de l'Yonne*, 16, t. I, p. 32).

2. *Gesta Aldrici*, 4 (*Script.*, t. XV, p. 313).

3. *Charte de Jonas, évêque d'Autun*, 858 (de Charmasse, *Cart. de l'égl. d'Autun*, 21, t. I, p. 33).

4. *Dipl. de Louis le p.*, 4 juin 825, B. M. 797 (*Histor. de Fr.*, t. VI, p. 547).

5. *Charte d'Hérimannus* (Mansi, t. XIV, col. 926).

6. Can. CXV (*Conc. aevi karol.*, t. I, p. 397).

7. Voir le diplôme du roi Arnoul pour Lobbes (plus haut, p. 120), cf. aussi p. 69.

8. Can. CXXII : « exceptis his quae de ecclesiae villis vel oblationibus fidelium (canonici) accipiunt » (*Conc. aevi karol.*, t. I, p. 402).

drale, la basilique où repose un saint illustre, dont la renommée attire pèlerins et aumônes [1].

Au reste la dotation des chapitres cathédraux est plus considérable quand la séparation des menses devient plus nette. En 829, l'évêque de Paris Inchadus assigne 9 *villae* à ses chanoines, mais il s'est déchargé des frais de l'hospitalité, de l'entretien des bâtiments [2] et sans doute de toute fourniture alimentaire. Hérimannus, évêque de Nevers, dote, en 849, ses *canonici* de six *villae* et de divers autres biens [3]. Le chapitre de Beauvais, en 875, est en possession de sept *villulae* et de 24 manses [4]. La dotation du chapitre de la cathédrale d'Auxerre a reçu au cours du IXe siècle de notables accroissements, grâce aux libéralités des évêques Hériboldus et Cristianus [5]. Les chanoines de Saint-Nazaire d'Autun possédaient une mense bien garnie au temps des évêques Jonas et Adalgarius [6]. Pauvre à l'origine, la mense capitulaire s'enrichit à mesure qu'on approche du Xe siècle [7].

1. *Reg. Chrodeg.*, 32 : « si aliquis uni sacerdoti pro missa sua vel pro confessione... in elemosyna dare voluerit, hoc sacerdos accipiat... Si autem ad omnes sacerdotes..., ad omnes canonicos veniat et omnes hanc eleemosynam communem habeant » (MANSI, t. XIV, col. 330).

2. DE LASTEYRIE, *Cart. de Paris*, 35, p. 50-1.

3. *Charte citée d'Hérimannus.* M. Pöschl (*Bichofsgut*, t. II, p. 146) évalue à 200-300 tenures la contenance de ces domaines, mais la charte énumère seulement 6 *villae*, 7 manses, quelques églises et des vignes.

4. *Charte d'Eudes, évêque de Beauvais* (*Gall. christ.*, t. X, Instr., col. 242). M. Pöschl (*loc. cit.*) estime que ces terres contiennent environ 200 tenures.

5. Le diplôme de Charles le Chauve du 16 janv. 849 (B. 1604, QUANTIN, 31, p. 61-2) confirme aux chanoines la *villa* de Cosne-sur-Loire qui contient 40 manses, dont les chanoines jouiront immédiatement, et d'autres qui leur feront retour après la mort des bénéficiers, la *cellula* de Saint-Remi et des vignes qui leur ont été données « ad supplementum » par l'évêque Hériboldus. Suivant les *Gesta* (36, *Script.*, t. XIII, p. 397), le même évêque a assigné par moitié au luminaire de l'église et aux *stipendia* des chanoines 4 *villae* ayant jadis appartenues à l'église et dont il a obtenu la restitution. L'évêque Cristianus, mort en 873, a donné aux chanoines une *villa* à charge de célébrer son anniversaire (*ibid.*, 38, p. 398).

6. *Chartes de Jonas*, 858 (DE CHARMASSE, *Cart. de l'église d'Autun*, 21, t. I, p. 33), *d'Adalgarius*, 879 (BULLIOT, *Essai sur l'abbaye de Saint-Martin d'Autun*, t. II, n° 5, p. 11-4).

7. Cf. PŒSCHL, *Bichofsgut*, t. II, p. 141.

Quelques documents indiquent le nombre des manses domaniaux ou tributaires attribués soit aux moines, soit aux chanoines ou même décrivent les *villae* qui leur sont assignées. Le manse ingénuile ou servile étant le type de la petite exploitation agricole que peut entreprendre une famille de colons ou de serfs [1], ces données permettent d'apprécier la valeur des biens d'une mense conventuelle. Les clercs de Saint-Julien de Brioude, qui sont au nombre de 54, s'ils n'avaient eu pour vivre que le produit des 60 manses qui leur sont attribués, auraient été réduits évidemment à la portion congrue. A Lyon, les 52 chanoines de la cathédrale Saint-Étienne disposent de 133 manses ; les 34 chanoines de la collégiale Saint-Paul jouissent de 43 manses [2]. A Saint-Amand, la mense conventuelle était composée, en 822, de 224 manses répartis en six grands domaines et de la *villa* de Barisis [3] dont la contenance n'est pas spécifiée ici, mais qui comprenait, en 872, au moins 67 manses [4]. Le polyptyque de Saint-Bertin dressé par l'abbé Adalardus vers le milieu du IXe siècle, et où sont décrits seulement, au dire de Folcuin, les domaines affectés à l'usage des moines, omission faite des biens assignés à d'autres services ou donnés en bénéfice [5], énumère en vingt-et-une localités 5 manses domaniaux et 233 manses tributaires entiers [6]. En 862, vingt *villae* sont assignées aux *stipendia* des

1. Cf. Guérard, *Prolégom.*, p. 582.

2. Cf. plus haut, p. 123-4.

3. *Dipl. de Louis le p.*, 29 juin 822, B. M. 757 (*Histor. de Fr.*, t. VI, p. 530-1).

4. Cf. plus haut, p. 114.

5. Folcuin, *Chartul. Sithiense*, II, 15 : « Abbas igitur Adalardus villas ad fratrum usus pertinentes..., absque his quae in aliis ministeriis erant distributae vel quae militibus et cavallariis erant beneficiatae, tali jussit brevitate describere » (Guérard, *Cart. Saint-Bertin*, p. 97).

6. *Ibid.*, p. 97 et suiv. M. Pöschl (t. II, n. 3 de la page 53) évalue à 200 tenures la mense des 60 moines de Sithiu, en se basant sur les données fournies par le diplôme de Charles le Chauve du 20 juin 877 (B. 1815, *Histor. de Fr.*, t. VIII, p. 664). Ce diplôme pourtant ne détaille que pour quelques localités le nombre des manses que la communauté y possède. Le total des manses signalés ne dépasse pas 48, mais ce chiffre ne représente qu'une faible part de la dotation des moines.

200 chanoines de Saint-Martin de Tours[1]. Dans chacune se trouvent un manse domanial, une ou plusieurs églises et un certain nombre de tenures (*facti*). La somme totale est de 20 manses domaniaux et de 987 tenures. En outre, trois *villae* sont affectées au vestiaire et une quatrième servira de refuge aux chanoines lors des incursions des Bretons et des Normands. En 872, les domaines affectés aux usages des moines de Saint-Germain-des-Prés comprennent 14 manses domaniaux et une somme de manses tributaires qu'on peut évaluer approximativement à 833[2].

En 816, on estimait qu'un riche établissement religieux pouvait posséder de 3 à 4.000 manses, une église de second ordre de 1.000 à 2.000 ; les moins fortunées de 2 à 300 manses[3]. Or à Saint-Martin de Tours, la plus opulente peut-être des basiliques des Gaules, la part des chanoines ne comptait guère qu'un millier de manses. Si l'on range Saint-Amand parmi les établissements du deuxième rang, encore que l'abbaye puisse figurer sans doute au premier, la mense conventuelle, riche au plus de quelque 300 *mansi*, représente à peine le tiers de la fortune *minima* des églises de cette catégorie. Les chanoines de Saint-Étienne de Lyon, dotés de 133 manses jouissent, au temps de Leidradus, d'un peu plus de la dixième partie de l'avoir de l'église de Lyon réduit alors à un millier de *colonicae*. Du temporel de Saint-Julien de Brioude devenu son bénéfice, le comte Bérenger n'assigne aux chanoines qu'une part égale à la moitié ou au tiers des biens d'une église pauvre.

1. *Dipl. de Charles le ch.*, 23 avril 862, B. 1701 (*Histor. de Fr.*, t. VIII, p. 572-3). Le chiffre de 200 chanoines est fourni par un diplôme du même roi du 1 mai 849, B. 1607 (p. 500).

2. Parmi les 14 domaines remis aux moines, il en est 6 qui sont décrits dans le polyptyque de l'abbé Irminon et qui comptent au total 289 manses tributaires. Si pour les 8 autres *villae* on s'en tient à la moyenne de 68 manses par domaine (Cf. GUÉRARD, *Prolégom.*, p. 891), on obtient une somme totale de 833 manses pour les 14 *villae*. Cf. PŒSCHL, t. II, p. 53, n. 3.

3. Cf. plus haut, p. 14.

CHAPITRE IX

L'INDÉPENDANCE DE LA MENSE CONVENTUELLE

Quand des biens sont assignés aux besoins des moines ou des chanoines d'un monastère ou d'une église, cette affectation n'est souvent que le prélude de la constitution d'une mense conventuelle. L'évêque ou l'abbé continue d'administrer des domaines dont les produits sont destinés à approvisionner les clercs ou les religieux, en vertu d'un règlement adopté par quelque prélat prévoyant. En pareil cas, il n'existe pas encore de mense séparée, indépendante, mais seulement un chapitre distinct établi au budget de l'église ou du monastère. Une mense conventuelle proprement dite est fondée quand les biens sont possédés par la communauté autonome, administrés par les officiers des moines ou des chanoines. Souvent on est passé insensiblement du premier stade au second. La communauté à qui des biens sont assignés en prend peu à peu possession directe et se substitue, comme occupant et administrateur, à son prélat.

Même quand la mense conventuelle s'est nettement différenciée du reste du temporel, le pouvoir de l'évêque ou de l'abbé n'est pas vis-à-vis d'elle entièrement aboli. L'église, le monastère est, en effet, seul propriétaire des domaines ecclésiastiques ou monastiques, quelqu'en soit l'usage fait, que la jouissance effective des biens soit laissée au prélat ou accordée à la communauté ou cédée à des bénéficiers laïques. Le chef de l'établissement religieux, représentant de la personne juridique à qui s'attache le droit de propriété, peut donc intervenir chaque fois que ce droit est intéressé [1]. Un acte de vente, de précaire, d'échange n'aura de valeur que si le contrat est passé au nom du mandataire de l'église ou avec son assentiment. Aussi dans les pièces administratives où il est disposé des biens d'une mense conventuelle, le nom de l'abbé apparaît quelquefois seul [2] ou à côté du nom des officiers monastiques [3]. L'évêque négocie l'affaire au compte du chapitre, avec le consentement de ses chanoines [4]; ou bien elle est conclue, suivant les termes mêmes de l'acte, par le prélat et les *canonici* [5].

1. Cf. PŒSCHL, *Bischofsgut*, t. II, p. 38-40, p. 105 et suiv. M. Pösch remarque avec raison (p. 40 et 105) que les diplômes d'immunité et tous les privilèges s'attachent à l'ensemble des biens d'un établissement religieux, sans distinguer la part du prélat, celle de la communauté ou celle des bénéficiers.

2. En juillet 894, Robert, comte et abbé de Marmoutier, donne en précaire, du consentement des chanoines, 4 manses « pertinentes ad mensam fratrum » (B. N., *Coll. Housseau*, t. 1, n° 120, f° 143 et *Coll. Moreau*, t. 3, f° 74).

3. Voir l'acte d'échange passé au compte des chanoines de Saint-Julien de Brioude, juin 847 : « Dederunt .. domnus noster Bernardus comes... et Adalgisus prepositus, una cum consensu fratrum, res de ratione sancti Juliani » (DONIOL, *Cart. de Brioude*, 190, p. 201, BRUEL, *Essai sur la chronol.*, n° 13). Cf. janv. 874, *contrat passé par l'abbé Frotharius, archevêque de Bordeaux et les chanoines* (DONIOL 132, p. 148, BRUEL, n° 27); août 893-4 (DONIOL 208, p. 219, BRUEL, n° 58). Un diplôme de Charles le Chauve du 7 mai 877 (B. 1810, QUANTIN, 52, p. 102) rappelle l'échange fait d'un bien assigné aux *stipendia* des moines de Saint-Germain d'Auxerre par l'abbé et « reliqui fratres ».

4. En 855, l'évêque de Limoges, Stodilus, fait un échange pour le compte de son chapitre; il donne une *villa* « ex ratione sancti Stephani suae sedis majoris scilicet canonicae praedictae urbis Lemovicae, consentientibus... praenominatae sedis canonicis » (*Cart. Saint-Étienne de Limoges*, B. N., *Coll. Dupuy*, t. 828, f° 25, *Coll. Duchesne*, t. 20, f° 238). En 878, Walon, évêque de Metz, et Anségise, archevêque de Sens, concluent un contrat d'échange; Anségise pour le compte des chanoines de son église (de ratione sancti Stephani vel de illorum canonicorum stipendiis), Walon pour le compte du monastère de Gorze appartenant à l'église de Metz, avec le consentement de l'abbé Bovo et des moines (D'HERBOMEZ, *Cart. de Gorze*, 73, p. 132).

5. Voir l'acte passé en 882 par Guntardus, évêque de Macon, et les chanoines de Saint-Vincent (RAGUT, *Cart. Saint-Vincent*, 39 et 425, p. 32 et 245).

C'est l'évêque qui prendra possession au nom de l'église des propriétés données aux chanoines. Charles le Chauve confirme à Saint-Étienne de Lyon des domaines que cette cathédrale et le recteur tiendront et posséderont, suivant le droit ecclésiastique, comme les autres biens de l'église, à condition de servir des réfections aux chanoines à divers anniversaires [1]. Des diplômes délivrés à l'église cathédrale d'Autun par Charles le Chauve et Louis le Bègue remettent des terres à l'évêque afin qu'il augmente sa *canonica* [2]. Des *stipendia* seront versés aux mains des chanoines comme il le jugera convenable [3]. Le prélat gouvernera et administrera ces propriétés comme les autres biens ecclésiastiques [4].

Dans les premiers temps, ce droit n'était pas purement théorique. En 819, il est stipulé que par la disposition, l'ordonnance des évêques d'Auxerre, la *villa* de Pourrain sera affectée à l'alimentation des chanoines [5]. A Saint-Martin de Tours, l'abbé garde longtemps la gestion des biens qui sont à l'usage des *canonici* [6]. Puis les officiers de la communauté apparaissent associés à l'évêque ou à l'abbé dans l'administration de la part du temporel réservée aux religieux ou aux clercs. A Marmoutier, en 845, l'abbé gérait de concert avec les agents propres des

1. *Dipl. de Charles le ch.* (post 869) : « eadem ecclesia ac rector ipsius ...sicut alias res proprietatis ejusdem ecclesiae, jure proprio et more ecclesiastico perpetim teneat atque possideat ; ...eo pacto ut in anniversario ...fratribus ejusdem ecclesiae refectionem ...exhibeat » (*Histor. de Fr.*, t. VIII, p. 622).

2. *Dipl. de Charles le ch.*, 23 févr. 877, B. 1806 : « Hac ergo nostra donatione (episcopus) et canonicam suam amplificet .. et numerum canonicorum augeat » (DE CHARMASSE, *Cart. de l'égl. d'Autun*, 7, t. I, p. 11) ; *de Louis le b.*, 23 janv. 879, B. 1848 (13, p. 21).

3. *Dipl. cité de Louis le b.* : « et stipendia eis in hac villa ad dispositionem episcopi tribuantur. »

4. *Dipl. cité de Charles le ch.* : « sicut alias ecclesiasticas res ...praesens et futurus praesul disponat, regat atque gubernet. »

5. Cf. plus haut, p. 56, n. 2.

6. Il en est encore ainsi en 832 ; cf. plus haut, p. 33.

chanoines les propriétés assignées à ceux-ci et leur en servait les revenus [1]. En 862, les domaines destinés à procurer aux *fratres* de Saint-Martin, nourriture, vêtement et chaussure et à leur offrir un refuge, sont soumis à l'*ordinatio* du propre abbé, du doyen et des anciens de la maison [2]. C'est seulement par une troisième étape, franchie d'ailleurs très vite par des communautés qui, quelquefois, ont brûlé déjà les autres, que moines et chanoines s'affranchirent de toute immixtion du prélat dans leurs affaires.

En fait, on voit souvent une communauté passer des actes administratifs sans que le prélat intervienne. A Saint-Julien de Brioude, tantôt l'abbé, comte ou évêque, *senior* de l'église, apparaît dans les chartes de donation ou d'échange à côté du prévôt, du doyen [3], et tantôt les officiers sont seuls nommés et représentent seuls les chanoines [4]. Souvent les religieux ou les clercs font de leur chef des échanges avec d'autres communautés ou de

1. *Dipl. de Charles le ch.*, 30 janv. 845, B. 1575 : « ex ipsis villis ab abbate ipsius monasterii eorumque (canonicorum) junioribus reddenda sunt » (*Histor. de Fr.*, t. VIII, p. 475). Cf. plus haut, p. 29.

2. *Dipl. de Charles le ch.*, 23 avril 862, B. 1701 : « Haec omnia... eorum utilitati in victu et potu, et vestimentis seu calceamentis necnon et confugio.., secundum canonicam institutionem ordinationemque proprii abbatis, decani, seniorumque ejusdem loci fratrum manere atque ordinari decrevimus » (*Histor. de Fr.*, t. VIII, p. 573).

3. Cf. plus haut, p. 129, n. 3. Le n° 64 de Doniol (p. 85), 109 de Bruel fait apparaître Guillaume comte et marquis qui est le *senior* du lieu, le prévôt Adéfrédus qui en est le *custos*, le doyen Nectardus et l'*archiclavus* Arlabaldus qui sont les *praeviditores* du même lieu.

4. En juillet 893 (Doniol, n° 207, p. 218, Bruel, n° 56), le prévôt Eldéfrédus et le doyen Bernard sont seuls signalés comme *rectores* du lieu. Voir aussi les actes d'échanges passés en 895-6, 903, 905 par le prévôt, le doyen et les autres *canonici* sans qu'aucune mention soit faite du *senior* Guillaume (Doniol, n° 7, 221, 193, p. 32, 231, 204; Bruel, n° 71, 87, 89). En 868, le prévôt de Gorze, Gautier (d'Herbomez, *Cart. de Gorze*, 64, p. 116), et en 871, le prévôt Bovo (65 et 66, p. 118 et 120) font les échanges au nom des moines avec la permission de l'évêque de Metz (per licentiam domni Adventii), qui probablement, après la mort de l'abbé Betto, a gardé en sa main l'abbaye dont son église est propriétaire.

simples particuliers[1]. Parfois même un tel contrat est conclu entre la communauté et le prélat agissant comme deux personnes et deux occupants distincts[2]. Il arrive qu'un abbé reçoit et tient en bénéfice de ses moines un domaine qui appartient à leur mense[3]. L'administration des biens assignés à la communauté, réservée d'abord au prélat, puis partagée, a fini par être abandonnée entièrement aux officiers capitulaires ou monastiques. La mense est alors définitivement constituée.

Au reste, que l'abbé, l'évêque conserve ou non une part dans l'administration de la mense conventuelle, il n'en a aucune dans la jouissance des domaines qui ont été réservés pour toujours à la communauté. Le prélat, le roi, en créant ou confirmant la part des moines et des chanoines, interdit aux évêques et abbés futurs de détourner ces biens de l'usage auquel ils sont assignés, de les affecter à leurs propres besoins, d'y tailler des bénéfices en faveur de leurs fidèles[4]. Il est défendu au prélat d'imposer aux moines ou aux chanoines des dépenses pour la réception des hôtes, d'exiger dans les *villae* de la mense conventuelle des services et corvées,

1. *Échange entre les chanoines de Saint-Maurice* (cathédrale) *de Vienne et Archimérius*, 16 janv. 875 (CHEVALIER, *Cart. Saint-André-le-Bas*, Append. II, 109*, p. 14*). Le décret du concile de Pitres de 864 (QUANTIN, p. 88) et le diplôme de Charles le Chauve du 2 déc. 863, B. 1717 (42, p. 78) signalent des échanges que les moines de Saint-Germain d'Auxerre firent avec le comte Conrad, l'évêque Cristianus.

2. *Échanges faits par les moines de Saint-Germain d'Auxerre avec leur abbé Louis en 863* (*Dipl. de Charles le ch. cité*), *avec l'abbé Hugues* (*Dipl. de Carloman*, 11 juin 884, B. 1868, QUANTIN, 57, p. 111).

3. Cf. plus haut, p. 116.

4. Même lorsqu'à l'origine l'administration du bien de la communauté reste aux mains du prélat, il est spécifié que celui-ci ne pourra en détourner à d'autres usages ni céder en bénéfice aucune part. Cf. *Dipl. de Louis le p. du 12 nov. 819 pour le chapitre cathédral d'Auxerre* : « eisdem canonicis stipendiariae, disponente atque perordinante episcopo,.... (la *villa* de Pourrain) exsistat, ut nullus quilibet ex successoribus ejus eandem villam in beneficium alicui dare aut de stipendiis eorumdem canonicorum penitus auferre praesumat » (QUANTIN, 16, p. 32; cf. *Form. imper.*, 25, ZEUMER, p. 304).

de prélever des redevances autres que celles qui sont fixées par l'usage ou par une charte[1].

Quelquefois tout pouvoir est expressément dénié à l'abbé sur les biens qui composent la mense conventuelle. Le comte Bernard, qui donna, en 849, une *villa* aux chanoines de Saint-Julien de Brioude, stipule que l'abbé de la dite maison de Dieu n'aura en aucun temps pouvoir sur ce domaine[2]. Charles le Chauve, confirmant, en 877, la *portio* que son frère Lothaire a concédée aux moines de Saint-Mihiel, défend aux abbés de s'immiscer dans la gestion de ces propriétés, de changer les officiers du monastère et de conférer des prébendes[3]. En 909, Charles le Simple exclut tout *dominium* de l'abbé et de ses intendants sur les habitations des chanoines de Saint-Martin et sur toutes les terres assignées à leurs subsistances[4].

Des biens qui constituent la part des moines ou des chanoines, il est dit non seulement qu'ils en jouissent, les ont, les détiennent, mais qu'ils les possèdent[5]. Il est

1. *Charte d'Hilduin pour Saint-Denis* (*Conc. aevi karol.*, t. I, p. 693) ; *Dipl. de Louis le p. pour Saint-Germain-des-Près*, 13 janv. 829, B. M. 857 (*Histor. de Fr.*, t. VI, p. 560) ; *de Charles le ch. pour Saint-Wandrille*, 21 mars 853, B. 1634 (t. VIII, p. 523), *pour Saint-Vaast d'Arras*, 30 oct. 867, B. 1743 (p. 606), etc.

2. « abbas casae Dei jam dictae nullo tempore in illa villa potestatem habeat; et si hoc fecerit, tunc propinqui nostri, qui nostri esse haeredes videntur, habeant potestatem supra dictam casam Dei (DONIOL, 95, p. 113, BRUEL, n° 14).

3. *Dipl.*, 24 juin 877, B. 1816 (*Histor. de Fr.*, t. VIII, p. 665).

4. *Dipl.*, 14 juin 909 : « ab eorum mansionibus... omne dominium proprii abbatis ac procuratorum suorum, sicut ex omnibus rebus eorum stipendiis specialiter delegatis excluditur ad totum » (*Histor. de Fr.*; t. IX, p. 510).

5. *Dipl. de Louis le p. pour Saint-Amand*, 29 juin 822, B. M. 757 : « liceat eis eidem congregationi monachorum... securiter ac perpetualiter habere, possidere et frui » (*Histor. de Fr.*, t. VI, p. 530) ; de *Charles le gros pour Saint-Maurice de Tours*, 29 oct. 886, B. M. 1683 : « more aliarum ecclesiarum, decanus, permissu episcopi, ac seniores clerici... res omnes sibi... concessas... possideant » (t. IX, p. 355) ; de *Charles le s. pour Notre-Dame de Cambrai*, 20 déc. 911, B. 1904 : « teneant atque possideant, habentes potestatem... ex eis facere quicquid communi decreto per unanimem consensum juste delegerint » (*Histor. de Fr.*, t. IX, p. 514).

interdit de les soustraire à leur possession et à leur *dominium*[1] : « J'ai mis en votre pouvoir cette portion, écrit Einhart aux clercs de Saint-Pierre-au-mont-Blandin, afin qu'elle serve à vos usages, comme il vous plaira d'en disposer, comme vous l'ordonnerez. »[2] Dans la *villa* attribuée par Aldric, évêque du Mans, à ses chanoines, ils régleront tout et disposeront de tout comme ils l'entendront[3]. La libre administration de la mense est abandonnée à la communauté et à son prévôt ou doyen[4]. Les religieux de Saint-Maximin de Trèves auront pouvoir d'établir sur leurs propriétés un prévôt, et de le dégrader s'il remplit mal cet emploi[5].

Avant même qu'au *dominium* du prélat fut substitué celui des moines ou chanoines sur la part qui leur était réservée, la communauté avait un personnel d'administrateurs spéciaux, placés sous la surveillance de l'évêque ou de l'abbé, les officiers monastiques ou capitulaires. Le clerc ou le moine chargé d'un office disposait pour la dépense quotidienne des rentes ou des biens-fonds affectés à ce service[6]. Ces assignations, faites au

1. *Dipl. de Charles le gros pour Saint-Martin de Tours*, 22 août 886, B. M. 1677 : « nullius potestatis senior quicquam exinde de eorum dominio vel possessione praesumat auferre » (*Histor. de Fr.*, t. IX, p. 350).

2. *Carta Einardi* : « (portionem) ita vestre potestati adscriberemus ut in usus vestros secundum dispositionem proprie ordinationis vestrae convertetur » (*Liber tradit.*, 2, éd. Fayen, p. 13).

3. *Dipl. de Louis le p.*, 18 juin 837, B. M. 968 : « quicquid de ea... ordinare ac disponere voluerint praedicti canonici liberam in omnibus habeant potestatem » (*Histor de Fr.*, t. VI, p. 614).

4. *Dipl. cité de Charles le ch. pour Saint-Mihiel* : « praeposito ejusdem loci cum consensu caeterorum fratrum res eorum... liceat ordinare » (t. VIII, p. 665) ; cf. *Dipl. de Charles le gros, 29 oct. 886, pour la cathédrale Saint-Maurice de Tours* (t. IX, p. 355).

5. *Dipl. d'Arnoul*, 11 févr. 893, B. M. 1835 : « potestatemque teneant super ipsas res suum praepositum specialiter constituere, eumque pari modo, si bene officium praepositurae suae non explicit, degradare » (Martène et Durand, *Ampliss. coll.*, t. I, col. 240) ; *de Charles le s.*, 1 janv. 912 (*Histor. de Fr.*, t. IX, p. 515).

6. Cf. plus haut, p. 31-2.

temps où le prélat administrait le temporel entier, subsistèrent sous le régime de la mense séparée; là où elles n'existaient pas auparavant, elles furent instituées au sein de la portion des moines ou des chanoines. Cellérier, chambrier, portier, hôtelier, infirmier, trésorier, continuent de gouverner leur service et d'y employer les ressources qui leur sont fournies. Mais au lieu de dépendre de l'abbé, ils ne relèvent plus que du prévôt et du doyen.

Ces dignitaires sont mentionnés déjà par la règle de saint Benoît. Le grand législateur de la vie monastique fait du premier un lieutenant de l'abbé, choisi par celui-ci avec l'assentiment des moines et qui doit obéir en tout à ses instructions[1]. Les *decani* de la règle de saint Benoît ne sont que les surveillants d'une dizaine de religieux[2]. Ces officiers de la communauté monastique furent établis aussi, au commencement du IXᵉ siècle, dans les chapitres de chanoines pour suppléer l'évêque ou l'abbé. Chrodegang ne place encore comme intermédiaires entre l'évêque et la communauté des clercs que l'archidiacre et le primicier, le cellérier et le portier[3]. Le statut canonial promulgué à Aix appelle *praepositi* tous ceux qui exercent une charge subalterne au-dessous du prélat[4]. Mais peu à peu, comme de plus en plus la communauté se distingue de ce dernier et constitue une personne ecclésiastique nouvelle, le prévôt et le doyen apparaissent comme ses chefs et ses représentants,

1. Cap. LXV (HOLSTENIUS, éd. BROCKIE, t. I, p. 134).

2. Cap. XXI : « Si major fuerit congregatio, eligantur de ipsis fratres... et constituantur decani, qui solicitudinem gerant super decanias suas..., secundum praecepta abbatis sui » (p. 123).

3. *Reg. s. Chrodeg.*, 25-6-7 (MANSI, t. XIV, col. 325-6).

4. Can. CXXXIX : « usus obtinuit eos vocari praepositos qui quandam prioratus curam sub aliis praelatis gerunt » (*Conc. aevi karol.*, t. I, p. 415). Il semble bien que le concile d'Aix entende simplement désigner sous ce terme de prévôts, qui exercent l'office à eux confié, sous la dépendance du prélat (évêque ou abbé), le cellérier, l'hôtelier, l'infirmier et le portier dont il définit, immédiatement après, le *ministerium*.

substitués à l'abbé ou à l'évêque; ils exercent sur la portion du temporel réservée aux moines ou aux chanoines les droits que perd le prélat.

Les chartes de Saint-Julien de Brioude nous montrent au IXe siècle ces deux dignitaires, *custodes* de la communauté, passant tous actes administratifs au nom de la collégiale[1]. En 850, Charles le Chauve, confirmant la mense établie en 829 par l'évêque de Paris, Inchadus, en faveur de ses clercs, stipule que les prévôts et doyens du chapitre en administreront les domaines et serviront aux chanoines les *stipendia* qui leur sont dus[2]. Au clergé de Laon, Hincmar, archevêque de Reims, écrit que le *praepositus* et le *decanus* ont, vis-à-vis des chanoines, la charge spirituelle [3] et l'administration temporelle. A Reims, dès le temps d'Ebbon, le prévôt assisté des doyens est chargé du gouvernement intérieur et extérieur du chapitre. Les soins du dehors, qui lui appartiennent et qu'Ebbon prend soin de définir, consistent à régir les domaines et à gouverner la *familia*. Le chef de la communauté devra pourvoir à l'alimentation des chanoines, diriger l'exploitation des champs, vignes, forêts, jardins, faire tous achats nécessaires[4]. Hincmar parle d'un *praepositus* du chapitre de la cathédrale de Reims qui a usurpé les biens à lui confiés[5].

1. Cf. plus haut, p. 131.

2. *Dipl.*, 19 avril 850, B. 1617 : « praepositos et decanos qui et easdem villas praevideant et debita stipendia fratribus ministrent » (*Histor. de Fr.*, t. VIII, p. 508).

3. « Praepositus quoque ac decanus fratrum custodiae tam in spirituali sollicitudine quam in temporali administratione solerter curam adhibeant » (MIGNE, P. L., t. CXXVI, col. 533).

4. *Indic. Ebbonis* : « Praepositum debet cura interior ac exterior. Exterior in rebus et familia salvandis atque secundum Deum gubernandis... Ibi etiam consistit omnis nutriendi industria, cuncta proflcua ingenia laborandi in agris, in vineis, in silvis, in hortis, in diversis emptionum generibus provide procurandis » (VARIN, *Arch. admin. de Reims*, t. I, 1e P., p. 31).

5. FLODOARD, *Hist. Rem. eccl.*, III, 28, Lettre au prévôt Gisloldus : « pro facultatibus sibi commissis et indebite usurpatis » (*Script.*, t. XIII, p. 550).

Les communautés régulières de moines sont gouvernées, elles aussi, par un prévôt et un doyen qui, placés au second rang quand le monastère a un abbé régulier[1], prennent en mains toute l'administration de la mense conventuelle quand l'abbaye est en commende, comme c'est le cas le plus fréquent. Lorsque Charles le Chauve s'adjuge l'abbatiat du monastère de Saint-Denis, il remet le soin des affaires au prévôt, au doyen et au trésorier[2]. A Saint-Maximin de Trèves[3], à Saint-Mihiel, le premier de ces dignitaires est l'ordonnateur de la portion du temporel réservée aux moines. Les droits qu'il exerce en tant que fondé de pouvoir de la communauté sont expressément substitués à ceux de l'abbé ; c'est le prévôt des moines de Saint-Mihiel, et non plus leur abbé, qui disposera du temporel, instituera les autres officiers monastiques, distribuera aux religieux leur pitance[4]. Là même où ces dignitaires ont la charge spéciale d'un *ministerium* et des biens affectés à ce service, comme le doyen à Saint-Denis[5], le prévôt à Saint-Vaast d'Arras[6], ils surveillent et régissent sans doute, en place de l'abbé, l'ensemble des propriétés réservées à l'usage des moines.

Dans les monastères et dans la plupart des églises épiscopales, il est probable qu'un seul prévôt administrait la

Hincmar écrit aussi au prévôt Théodachrus au sujet du même Gisloldus qui a réclamé par l'intermédiaire de la reine Ermenthrudis « partem collaborationis suae quae rationabiliter ei competebat » (*ibid.*). L'archevêque ordonne de lui rendre ce qui lui est dû « in hoc episcopio ». A la charge de prévôt étaient donc attachés certains profits.

1. Par exemple à Corbie au temps d'Adalhard : « Si domnus abbas aut prepositus vel decanus (cellerario) potum mutare preceperit » (*Statuts d'Adalhard*, éd. Levillain, p. 365).

2. Cf. plus haut, p. 42, n. 3.

3. Cf. p. 134.

4. *Dipl. de Charles le ch. pour Saint-Mihiel*, 24 juin 877, B. 1816 : « nullus abbas... ordinandis eorum rebus se intermittat, scilicet vel ministeriales in praefato monasterio mutare vel praebendas dare sed tantum praeposito... res eorum liceat ordinare » (*Histor. de Fr.*, t. VIII, p. 665).

5. Cf. plus haut, p. 32, n. 2.

6. Cf. p. 32, n. 1.

mense conventuelle. Mais le chef d'une communauté, peut, comme le principal dignitaire du chapitre de la cathédrale de Reims[1], conformément d'ailleurs aux prévisions de la règle de Saint Benoît, être secondé par un certain nombre de doyens. A Paris, le temporel du chapitre est gouverné, semble-t-il, par plusieurs *praepositi* et plusieurs *decani*[2]. A Chartres, on trouve plus tard 4 prévôts, chargés d'administrer le temporel du chapitre de la cathédrale, biens qui au XIIe siècle seront distribués en 4 prévôtés[3].

Ces officiers sont les élus de la communauté[4]; elle peut les déposer s'ils remplissent mal leur emploi[5]. Les religieux d'un monastère, privés en fait par le roi du droit de choisir leur abbé, ont du moins pouvoir de désigner leurs chefs spirituels et les régisseurs de la portion du temporel qui leur est laissée. Le clergé de l'église épiscopale qui, dans la mesure où le roi l'autorise, concourt avec les laïques, les abbés, les évêques de la province à élire le chef du diocèse[6], choisit lui-même, en tant que communauté distincte de l'évêque, ses propres représentants et administrateurs.

1. *Indic. Ebbonis*, *loc. cit.*

2. Cf. plus haut, p. 136, n. 2.

3. DE LÉPINOIS, MERLET, *Cart. de Notre-Dame de Chartres*, Introd., p. XCVII.

4. *Dipl. cité de Charles le ch. pour les chanoines de l'église de Paris :* « ex semetipsis semper per communem assensum eligentes praepositos et decanos. »

5. *Dipl. cité d'Arnoul pour Saint-Maximin de Trèves* (plus haut, p. 134, n. 5).

6. Cf. IMBART DE LA TOUR, *Les élect. épisc.*, p. 13.

CHAPITRE X

LA CROISSANCE DE LA MENSE CONVENTUELLE

La mense conventuelle ne fut d'abord qu'une portion mise en réserve au sein du patrimoine d'une église ou d'un monastère, portion qui grossit ou s'amoindrit quand il plaît au prélat de distribuer suivant une autre échelle les domaines qui formèrent les lots primitifs, d'avancer ou de reculer les frontières instables établies provisoirement entre le département des moines ou des chanoines et le sien propre. A l'origine, la mense est une partie d'un tout dont elle se différencie seulement par l'usage qui en est fait. Mais cette part assignée à une personne distincte désormais du prélat, s'est individualisée avec elle. Possédée par une communauté autonome, elle a pu se développer à l'unique profit du possesseur. La communauté, apte à retenir, l'était aussi à acquérir. Sans briser l'attache juridique avec le reste du patrimoine de l'église ou de l'abbaye, la mense conventuelle fut susceptible à la fois de s'enrichir par le dedans, si le prélat retranche une parcelle de sa propre part pour l'en favoriser, et de s'accroître par le dehors, grâce aux pieuses largesses qu'attire à elle la communauté.

On a vu que la part primitive des moines ou des chanoines, faible au regard de celle de leur prélat, souvent modifiée, quelquefois diminuée, s'est plutôt développée au cours du IXe siècle aux dépens de l'*indomi-*

nicatum épiscopal ou abbatial. De ce côté, elle a médiocrement gagné d'ailleurs ; le prélat besoigneux n'ayant point le goût de se laisser dépouiller. Ce n'est pas en rongeant sa part, en s'agrégeant l'acquis du temporel ecclésiastique, que la mense conventuelle s'est accrue mais en rejoignant la source non tarie d'où était jaillie la richesse des églises.

L'aptitude à recueillir les libéralités des fidèles se dessine à l'origine même de la mense conventuelle et se rattache aux assignations de biens, aux fondations pieuses qui en ont préparé l'établissement. Le prélat qui institue une mense en faveur de ses clercs ou de ses moines, y fait entrer nécessairement les propriétés qu'un pieux chrétien a données expressément pour subvenir à tel besoin des moines ou à charge d'un anniversaire que devra célébrer la communauté. Ainsi en 829, l'évêque de Paris, Inchadus, créant la mense de son chapitre, fait figurer parmi les domaines qu'il assigne à ses clercs, la *villa* de Sucy que le comte Étienne et sa femme avaient donnée précédemment à l'usage des chanoines [1]. L'établissement d'une mense consolide en faveur de la communauté l'affectation qu'un fidèle a stipulée en donnant un bien à une église.

Toutes les largesses faites par la suite à une église ou à une abbaye pour assurer aux clercs ou aux moines leur subsistance, leur vêtement, un lieu de refuge en cas d'invasion des païens, des ressources pour entretenir les pauvres et les hôtes de la communauté, toutes donations aussi qui méritèrent au bienfaiteur les prières des moines et chanoines ou stipulèrent en sa faveur des offices religieux célébrés par eux dans l'église conventuelle ou cathédrale, rejoignirent nécessairement leur mense particulière. Chaque fois qu'un prélat ou un roi la confirme

1. De Lasteyrie, *Cart. de Paris*, 35, p. 50. La charte de donation émanant soi-disant du comte Etienne (*ibid.*, 29, p. 37) est une pièce apocryphe du xe siècle au plus tôt.

à nouveau, il déclare étendre le bénéfice de cette *auctoritas* aux biens que des pieuses libéralités ont ajoutés au noyau primitif issu de l'ancien patrimoine et à tous ceux qui à l'avenir seront offerts à la communauté [1].

Les donations sont faites expressément en faveur des chanoines ou des moines. En 827, Ranulfus et sa femme offrent une vigne à l'église Saint-Julien de Brioude et aux *canonici* [2]. Le 23 juillet 857, le prêtre Archimdrannus cède une part de ses biens aux chanoines de Saint-Maurice de Vienne [3]. Lendricus fait une donation à la maison de Dieu et de saint Vincent et aux chanoines qui la desservent à Macon [4]. Bernard donne un alleu à la cathédrale Notre-Dame de Nîmes à la condition que tout sera pour les clercs [5].

Le donateur stipule que de l'aumône qu'il offre aux moines ou aux chanoines, l'abbé ou l'évêque ne pourra rien soustraire, qu'il ne doit rien prétendre sur ces biens destinés aux usages de la communauté [6]. Quelquefois, le bienfaiteur la met directement en possession et fait

1. *Charte de Jonas, évêque d'Autun, en faveur de ses chanoines*, 20 mai 858, confirmant « illa quae noviter a canonicis ejusdem matris ecclesiae de propriis sumptibus ibidem data sunt et ab aliis fidelibus deinceps conlata fuerint » (DE CHARMASSE, *Cart. de l'église d'Autun*, 21, t. I, p. 33).

2. « ipsi casae Dei vel ipsis canonicis » (DONIOL, *Cart. Saint-Julien de Brioude*, 191, p. 202; BRUEL, n° 7).

3. « cedo ad kanonicos sancti Mauricii aliquas ex rebus proprie facultatis mee » (CHEVALIER, *Cart. Saint-André-le-Bas*, Append., 5, p. 216).

4. *Charte de Lendricus*, 864-73 : « ad casam Dei, sancti Vincentii suisque canonicis » (RAGUT, *Cart. Saint-Vincent*, 60, p. 48).

5. 3 avril 896 : « dono ad prefatam casam Dei ab integrum et totum ad ipsos canonicos » (GERMER-DURAND, *Cart. Notre-Dame de Nîmes*, 7, p. 15). Cf. 1 juill. 926, *donation du prêtre Fredolaigus* : « donnae meae sanctae Mariae, sedem principalem et canonicis ibidem Deo famulantibus » (29, p. 53).

6. *Donation de 3 manses par Charles le Chauve aux moines de Saint-Germain d'Auxerre*, 18 janv. 863 : « usibus eorum serviendas, nemine inquietante nec abbate... » (QUANTIN, 41, p. 76) ; *Charte de Lendricus en faveur des chanoines de Saint-Vincent de Macon* : « nullus episcoporum nec quelibet alia potestas... elemosinam... canonicis habeat subtrahendi potentiam » (RAGUT, 60, p. 48). Cf. DONIOL, *Cart. Saint-Julien de Brioude*, 304, p. 310, avril 868, BRUEL, n° 22 ; 77, p. 59, févr. 855, BRUEL, n° 15 ; 257, p. 267, sept. 868, BRUEL, n° 23, etc.

remise de son bien, par une cérémonie symbolique, aux mains propres des clercs ou des religieux. L'envoyé de Frotarius s'est rencontré le 29 mai 871 avec les *missi* du chapitre Saint-Étienne de Limoges, dans la chapelle de la *villa Ramnacus*, et par la corde de la cloche, les clefs et les portes, leur a fait tradition de ce domaine qui, désormais, servira pour la commune subsistance du chapitre [1].

Au IXe et au Xe siècle, des donations sont faites encore au prélat [2] ou à l'église sans qu'il soit spécifié que le bien sera incorporé dans la part du prélat ou celle de la communauté. Mais l'attraction exercée par celle-ci est nécessairement la plus énergique. La communauté des moines ou des chanoines, c'est en effet la personne ecclésiastique qui prie le jour et la nuit, celle dont les fidèles réclament les suffrages ; c'est elle et non l'abbé ou l'évêque qui célébrera l'office anniversaire pour les défunts, chantera la messe et les psaumes. Elle mène une vie religieuse, parfois mortifiée et pénitente, qui contraste avec les occupations souvent profanes de son prélat [3]. Aussi c'est vers elle que s'établit le courant des donations.

La mense conventuelle recueille dans toutes les directions, des mains des grands et des petits, des comtes et

1. *Cart. Saint-Étienne de Limoges*, *Cartula* rédigée le 29 mai 871 (5e année du règne en Aquitaine de Louis, fils du roi Charles le Chauve) : « Notitia traditionis seu adsignationis... qualiter veniens Fodalbertus missus Frotarii, die Martis quod fuit IVo Kal. Junii mensis in villa Ramnacus, in capella que superius epistola declarat... cum missibus sancti Stephani, David sacerdoti... Petri levitae, ad vicem kanonicorum praefati martyris senioris loci degentium, propria manu sua per corda signi haerentia ac clavibus atque postibus..., praedictis fratribus ad communem stipendiam legitimam eis tradidit. » (B. N., *Coll. Duchesne*, t. 20, fo 234, verso).

2. *Chartes du prévôt Ansémirus*, 23 juill. 927 : « dono tibi domno et seniori meo Hucberto... episcopo » (Germer-Durand, *Cart. Notre-Dame de Nimes*, 30, p. 54), *d'Aldérius*, 18 août 912 : « domno Hucperto... episcopo sedis Nemausensis... dono vobis in honore sanctae Mariae » ; les chanoines ne sont pas ici mentionnés (*ibid.*, 14, p. 24).

3. Cf. Pœschl, *Bischofsgut*, t. II, p. 29.

des rois, comme des simples particuliers. Mais il est une catégorie de personnes dont les offrandes vont presque toujours rejoindre la mense conventuelle. Les chanoines attribuent naturellement leurs dons ou legs pieux à la communauté de leurs frères, soit de leur vivant, soit après décès[1]. Les prélats, eux aussi, font souvent des aumônes à leur communauté; ils l'enrichissent non seulement de biens pris sur la part qui constitue en fait la mense épiscopale ou abbatiale, mais aussi de domaines qu'ils prélèvent comme un bienfaiteur ordinaire sur leur patrimoine propre[2].

L'établissement, au sein du patrimoine ecclésiastique, d'une mense conventuelle, bien que préparé par d'anciennes pratiques d'ordre économique et administratif, brisait l'ordonnance primitive, la constitution unitaire et centralisée du temporel, abolissait la règle canonique et de droit naturel qui réservait à des usages religieux tous les biens donnés à de telles fins. Le prélat qui faisait une part à ses moines ou chanoines leur signifiait du même coup la perte subie par eux du reste du patrimoine

1. Cf. *Charte de Jonas*, citée p. 141, n. 1, confirmant les donations faites par des chanoines de l'église-mère d'Autun à la mense du chapitre; *Dipl. de Charles le ch.*, 12 oct. 873, confirmant à la prière de Robert, évêque du Mans, « quasdam villas a Widone necnon a quibusdam fratribus ecclesie sanctorum Vincentii atque Laurentii prestarias, usibus ac stipendiis canonicis... ecclesie perpetuo traditas » (CHARLES, *Cart. Saint-Vincent du Mans*, 11, col. 15). Parmi les actes de donation des IXe et Xe siècles insérés dans le cartulaire de Notre-Dame de Nîmes, figurent de nombreuses chartes souscrites en faveur des chanoines par des prêtres qui appartiennent vraisemblablement au chapitre (GERMER-DURAND, 4, 24 mai 889, p. 8; 10, 24 avril 905, p. 20; 29, 1 juill. 926, p. 52, etc.).

2. En 833, l'évêque de Limoges, Odacer, donne aux *fratres* de la *canonica* de Saint-Étienne un manse que lui a vendu un noble, et dont il réserve l'usufruit pour lui et l'un de ses proches ou amis (*Gall. christ.*, t. II, Instr., col. 165). L'abbé séculier de Saint-Germain d'Auxerre, Lothaire, fils de Charles le Chauve, a prié son père avant de mourir, de donner aux moines à leurs usages un domaine pour le repos de son âme (*Dipl. de Charles le ch.*, 23 janv. 866, B. 1733, QUANTIN, 47, p. 94).

de leur église, abandonné en fait aux fidèles et créatures du roi.

La portion ainsi mise à part reconstitue en plus petit un organisme semblable à celui qui se désagrège sous l'attaque des séculiers. Comme l'ancien patrimoine des églises et des monastères, elle est exclusivement destinée à un objet religieux. Elle est gérée par des administrateurs qui, comme jadis les évêques et les abbés, ne se distinguent pas de la communauté des clercs ou des moines. Des règlements intérieurs la distribuent, comme autrefois l'ensemble du patrimoine, entre les divers services qui intéressent les besoins ou les devoirs des religieux. Elle les nourrit, les vêtit, alimente leurs charités, entretient leur cloître et le sanctuaire où ils prient.

Cette part, qui remplit exactement la fonction qui fut celle du patrimoine entier, va grandir comme celui-ci l'avait fait jadis et pour les mêmes motifs. Semblable à la semence dégagée d'une enveloppe morte, la mense va pousser des racines nourricières là où s'est élaborée la fortune primitive des églises et des monastères. Les libéralités des fidèles vont à la communauté qui garde les reliques sacrées, aux pieux intercesseurs près de Dieu et des saints. C'est autour de la mense des moines ou des chanoines et à leur profit que recommence et se poursuit avec le plus d'activité le travail de reconstruction du temporel ecclésiastique et monastique.

INDEX BIBLIOGRAPHIQUE

§ I. — Éditions, recueils de textes[1], catalogues d'actes.

Aimoini monachi qui antea Annonii nomine editus est Historiae Francorum Libri V, Paris, 1567, in-8.

ARNDT (W.), KRUSCH (Br.), éd. de GRÉGOIRE DE TOURS, dans les *Scriptores rerum merovingicarum*, t. I, 1885.

BALUZE (Étienne), *Capitularia regum Francorum*, Paris, 1677, 2 in-f°.

BEYER (H.), *Urkundenbuch zur Geschichte der mittelrheinischen Territorien*, Coblenz, 1860-1874, 3 vol. in-4.

BŒHMER (J. F.), *Regesta Karolorum, Die Urkunden sämmtlicher Karolinger*, Frankfurt, 1833, in-4.

— , MUEHLBACHER (E.), *Die Regesten des Kaiserreichs unter den Karolingern*, 751-918, Innsbruck, 2e éd., 1899, in-4.

BORETIUS (A.), KRAUSE (V.), *Capitularia regum Francorum*, dans les *Monumenta Germaniae*, série in-4, 1883-1897, 2 vol.

BROCKIE (M.), voir HOLSTENIUS.

BUSSON (abbé G.), LEDRU (abbé A.), *Actus pontificum Cenomannis in urbe degentium*, Le Mans, 1902, in-8.

CHARLES (abbé R.), MENJOT D'ELBENNE (S.), *Cartulaire de l'abbaye de Saint-Vincent du Mans*, t. I, 572-1184, Mamers et Le Mans, 1886, in-4.

CHARMASSE (Anatole DE), *Cartulaire de l'église d'Autun*, Autun, Paris, 1865-1900, 2 in-4.

CHEVALIER (U.), *Cartulaire de l'abbaye Saint-André-le-Bas de Vienne*, Lyon, 1869, in-8.

Codex Laureshamensis diplomaticus ex aevo maxime carolingico publié par l'Academia Theodoro-Palatina, t. I, Mannheim, 1768, in-4.

Collections manuscrites conservées à la Bibliothèque nationale de Paris (copies d'actes faites par divers érudits), DUCHESNE (pièces provenant du cartulaire Saint-Étienne de Limoges), t. 20; DUPUY (même provenance), t. 828; HOUSSEAU (pièces angevines), t. 1; MOREAU (pièces de toute provenance), t. 1-3.

1. Un certain nombre de travaux érudits mentionnés au § II de cet index, renferment aussi, le plus souvent en appendice, des textes cités dans le présent volume. Un astérisque désigne les ouvrages qui, à ce titre, pourraient figurer au § I de cette bibliographie.

Concilia aevi karolini, t. I, dans les *Monumenta Germaniae*, série in-4, 1906-8.

Diplomatum regum et imperatorum Germaniae tomus I, *Die Urkunden Konrad I, Heinrich I und Otto I*, éd. Sickel, dans les *Monumenta Germaniae*, série in-4, 1879-84.

Doniol (Henry), *Cartulaire de Brioude* (Liber de honoribus sancto Juliano collatis), Clermont-Ferrand, Paris, 1863, in-4.

Drival (abbé Van), éd. de Guimann.

Epistolae karolini aevi, dans les *Monumenta Germaniae*, série in-4, 4 vol., 1891-1902.

Fayen (Arnold), éd. du *Liber traditionum sancti Petri Blandiniensis*, Gand, 1906, in-8.

Folcuin, *Chartularium Sithiense*, éd. Guérard, *Cartulaire Saint-Bertin*.

Froger (abbé L.), *Cartulaire de l'abbaye de Saint-Calais*, Mamers, Le Mans, 1888, in-8.

Germer-Durand (Eug.), *Cartulaire du chapitre de l'église cathédrale Notre-Dame de Nîmes*, Nîmes, 1873-4, in-8.

Giard (René), *Catalogue des actes des rois d'Aquitaine Pépin Ier et Pépin II*, dans la *Bibliothèque de l'école des chartes*, t. LXII, 1901.

Gingins (F. de), *Cartulaire du chapitre de Notre-Dame de Lausanne*, Lausanne, 1851, in-8.

Guérard (B.), éd. du *Cartulaire de l'abbaye de Saint-Bertin*, Paris, 1840, in-4.

— *Polyptyque de l'abbé Irminon*, Paris, 1844, 2 in-4.

— *Polyptyque de l'abbaye de Saint-Remi de Reims*, Paris, 1853, in-4.

Guimann, *Cartulaire de l'abbaye de Saint-Vaast d'Arras*, éd. Van Drival, Arras, 1875, in-8.

Hariulf, *Chronique de l'abbaye de Saint-Riquier*, éd. Ferdinand Lot, Paris, 1894, in-8.

Herbomez (A. d'), *Cartulaire de l'abbaye de Gorze*, t. II des *Mettensia*, dans les *Mémoires et documents publiés par la Société des Antiquaires de France*, Paris, 1898 [1901], in-8.

Holstenius (Lucas), *Codex regularum monasticarum et canonicarum*, éd. Brockie, Augsbourg, 1759, 6 in-fo.

Jaffé (P.), *Regesta pontificum romanorum*, 2e éd., revue sous la direction de Wattenbach par Kaltenbrunner, Ewald et Lœwenfeld, Leipzig, 1885-1888, 2 in-4.

Jean de la Chapelle, *Cronica abbreviata sancti Richarii*, éd. Prarond, Paris, 1893, in-8.

Lalore (l'abbé Ch.), *Collection des principaux cartulaires du diocèse de Troyes*, Paris, 1871-83, 7 vol. in-8.

— , *Le polyptyque de l'abbaye de Montiérender*, Paris, 1878, in-8.

Lasteyrie (Robert de), *Cartulaire de Paris*, t. I, Paris, 1887, in-4.

Ledru (A.), cf. Busson.

Lépinois (E. de) et Merlet (Lucien), *Cartulaire de Notre-Dame de Chartres*, Chartres, 1862-5, 3 vol. in-4.

LEVILLAIN (Léon), *Les statuts d'Adalhard pour l'abbaye de Corbie* (IXe-Xe siècles), dans le *Moyen Age*, 1900.

LOKEREN (A. VAN), *Chartes et documents de l'abbaye de Saint-Pierre-au-Mont-Blandin, à Gand*, Gand, 1868, 2 in-4.

LONGNON (Auguste), éd. du *Polyptyque de l'abbaye de Saint-Germain-des-Prés rédigé au temps de l'abbé Irminon*, Paris, 1886-1895, 2 in-8.

LOT (Ferdinand), éd. d'HARIULF.

MABILLE (Em.), *La Pancarte noire de Saint-Martin de Tours*, Tours, 1866, in-8.

MABILLON (dom Jean), *Acta sanctorum ordinis sancti Benedicti*, Venise, 1733-1740, 10 in-f°.

MANSI (J.-C.), *Sacrorum conciliorum nova et amplissima collectio*, Florence et Venise, 1757-1798, 31 vol. in-f°.

MARION (J.), *Cartulaires de l'Église Cathédrale de Grenoble, dits Cartulaires de Saint-Hugues*, Paris, 1869, in-4.

MARTÈNE (D.), DURAND (D.), *Thesaurus novus anecdotorum*, Paris, 1717, 5 in-f°.

— , *Veterum scriptorum amplissima collectio*, Paris, 1724-33, 9 vol. in-f°.

MERLET (Lucien), cf. LÉPINOIS (E. DE).

MIGNE (abbé J.-P.), *Patrologiae latinae cursus completus*, Paris, 1844-1864, 221 vol. in-4.

MIRAEUS (A.) et FOPPENS (J.-F.), *Opera diplomatica et historica*, Louvain, 1723-1748, in-f°.

MOREL (chanoine), *Cartulaire de l'abbaye Saint-Corneille de Compiègne*, t. I (877-1216), Montdidier, 1904, in-4.

MUEHLBACHER (E.), cf. BŒHMER.

— *Diplomatum karolinorum* tomus I, *Die Urkunde der Karolinger*, dans les *Monumenta Germaniae*, série in-4, 1906.

NANGLARD (abbé), *Cartulaire de l'église d'Angoulême*, dans *Bulletin et Mémoires de la Société archéologique et historique de la Charente*, 1899, 6e série, t. IX, in-8.

PRAROND, éd. de JEAN DE LA CHAPELLE.

PROU (Maurice), VIDIER (Alexandre), *Recueil des chartes de l'abbaye de Saint-Benoît-sur-Loire*, Paris, 1900-1904, in-8.

QUANTIN (Maximilien), *Cartulaire général de l'Yonne*, Auxerre, 1854 1860, 2 vol. in-4.

RAGUT (M.-C.), *Cartulaire de Saint-Vincent de Macon*, Macon, 1864, in-4.

Recueil des historiens des Gaules et de la France, Paris, 1738-1876, 23 vol. in-f°.

REDET, *Documents pour l'histoire de l'Église de Saint-Hilaire de Poitiers*, dans les *Mémoires de la Société des Antiquaires de l'Ouest*, t. XIV et XIX, Poitiers, 1848-57, 2 in-8.

Scriptores, dans les *Monumenta Germaniae*, série in-f°, 1826-1892, 29 vol.

Scriptores rerum merovingicarum, dans les *Monumenta Germaniae*, série in-4, t. I et II, 1883-1888.

TRAUBE, *Poetae latini*, dans les *Monumenta Germaniae*, série in-4, 1881-99, 4 vol.

VARIN (Pierre), *Archives administratives de la ville de Reims*, t. I, 1re partie, Paris, 1839, in-4.

VIDIER (A.), cf. PROU (M.).

Wirtembergisches Urkundenbuch, herausgegeben von den Staatsarchiv. in Stuttgart., t. I, Stuttgart, 1849, in-4.

ZEUMER (K.), *Formulae*, dans les *Monumenta Germaniae*, série in-4, 1886, 1 vol.

§ II. — Ouvrages et Travaux érudits.

BESSE (dom J.-M.), *Les moines de l'ancienne France* (période gallo-romaine et mérovingienne), Paris, 1906, in-8.

BRUEL (A.), *Essai sur la chronologie du cartulaire de Brioude*, dans la *Bibliothèque de l'école des charles*, 6e série, t. II, 1866.

BRUNNER (Heinrich), *Der Reiterdienst und die Anfänge des Lehnwesens*, dans les *Forschungen zur Geschichte des deutschen und französischen Rechtes*, Stuttgart, 1894, in-8.

* BULLIOT (J.-Gabriel), *Essai historique sur l'abbaye de Saint-Martin d'Autun*, Autun, 1849, 2 in-8.

CHEVALIER (C.), éd. de MARTÈNE (dom), *Histoire de l'abbaye de Marmoutier*, dans les *Mémoires de la Société archéologique de Touraine*, t. XXIV-V, 1874-5, in-8.

COLLIETTE (Louis-Paul), *Mémoires pour servir à l'histoire du Vermandois*, Cambrai, 1771, 3 vol. in-4.

Défense des privilèges de la noble et insigne église de Saint-Martin de Tours, Paris, 1708-1709, in-f°.

* DUVIVIER, *Recherches sur le Hainaut ancien du VIIe au XIIe siècle*, Bruxelles, 1865, in-8.

* *Gallia christiana in provincias ecclesiasticas distributa*, Paris, 1715-1865, 16 vol. in-f°.

* GERMAIN (D.-Michel), *Histoire de l'abbaye royale de Notre-Dame de Soissons*, Paris, 1675, in-4.

* GIRY (Arthur), *Études de quelques documents angevins*, dans les *Mémoires de l'Académie des Inscriptions*, t. XXXVI, 2e P., 1901.

HAUCK (Albert), *Kirchengeschichte Deutschlands*, t. I et II, 2e éd., Leipzig, 1898-1900, in-8.

HAVET (Julien), *Questions mérovingiennes*, VII, *Les actes des évêques du Mans*, dans la *Bibliothèque de l'école des chartes*, t. LIV et LV, 1893-4.

HIMLY (Auguste), *Wala et Louis le Débonnaire*, Paris, 1849, in-8.

IMBART DE LA TOUR (P.), *Les élections épiscopales dans l'église de France du IXe au XIIe siècle*, Paris, 1891, in-8.

INAMA-STERNEGG (Karl Theodor VON), *Deutsche Wirtschaftsgeschichte bis zum Schluss der Karolingerperiode*, Leipzig, 1879, in-8.

Jérome (L.), *Études d'histoire bénédictine : L'abbaye de Moyenmoutier de l'ordre de Saint Benoît en Lorraine*, t. I, *L'abbaye au moyen âge*, Paris, 1902, in-8.

Lesne (E.), *La propriété ecclésiastique en France aux époques romaine et mérovingienne*, Paris, Lille, 1910, in-8.

Lot (Ferdinand), *De quelques personnages du IXe siècle qui ont porté le nom d'Hilduin*, dans le *Moyen âge*, 1903.

Mabillon (dom J.), *Annales ordinis sancti Benedicti*, Lucques, 1739-45, 6 in-fo.

* Marlot (dom G.), *Metropolis Remensis historia*, Lille, Reims, 1666-1679, 2 in-fo.

Martène (D.), cf. Chevalier (C.).

* Meurisse (R. P.), *Histoire des évesques de l'église de Metz*, Metz, 1634, in-fo.

Parisot (Robert), *Le royaume de Lorraine sous les Carolingiens* (843-923), Paris, 1899, in-8.

Pœschl (Arnold), *Bischofsgut und mensa episcopalis, Ein Beitrag zur Geschichte des kirchlichen Vermögensrechtes*, Bonn, 1908-1909, 2 vol. in-8.

Poupardin (René), *Le royaume de Provence sous les Carolingiens* (855-933), dans la *Bibliothèque de l'école des hautes études*, Paris, 1901, in-8.

Prou (Maurice), *La livre dite de Charlemagne*, dans les *Mémoires de la Société des antiquaires de France*, t. LIV, 1894.

Ribbeck (Konrad), *Die sogenannte Divisio des fränkischen kirchengutes in ihrem Verlaufe unter Karl Martell und seinen Söhnen*, Berlin, 1883, in-8.

Schrœrs, *Hinkmar Erzbischof von Reims*, Freiburg im Breisgau, 1884, in-8o.

* Tabouillot (dom), *Histoire générale de Metz* par des religieux bénédictins de la congrégation de Saint-Vannes, Metz, 1769-1775, 4 vol. in-4.

Thomassin (Louis), *Ancienne et nouvelle discipline de l'Église*, éd. André, Bar-le-Duc, 1864-1867, 7 vol. in-4.

* Vaisséte (dom), *Histoire générale du Languedoc*, éd. Privat, Toulouse, 1879-1889, 14 vol. in-4.

Vaucelle (abbé E.-R.), *La collégiale de Saint-Martin de Tours, des origines à l'avènement des Valois* (397-1328), Paris, 1908, in-8.

Viollet (Paul), *Histoire des institutions politiques et administratives de la France*, Paris, 1890-8, 2 in-8.

Werminghoff (Albert), *Vier Urkunden für die Abtei Saint-Remi zu Sens aus den Jahren 835 bis 853*, dans le *Neues Archiv.*, t. XXVII, 1902.

INDEX DES NOMS DE LIEUX ET DE PERSONNES

Cette table ne contient ni les noms des auteurs modernes, — ni ceux des écrivains contemporains, — ni les noms de lieux ou de personnes qui entrent dans le titre des chartes, lettres ou autres documents. — Les chiffres indiquent les pages ; ceux qui sont compris entre des parenthèses renvoient aux notes.

A

B

F

G

H

I

J

R

S

T

V

W

Z

TABLE DES MATIÈRES

Chapitre III. — Les assignations de biens aux services monastiques.

Chapitre IV. — Pourquoi s'établit le régime des menses séparées.

Chapitre V. — L'institution de la mense des chapitres cathédraux.

IMP. H. MOREL, LILLE

www.ingramcontent.com/pod-product-compliance
Ingram Content Group UK Ltd.
Pitfield, Milton Keynes, MK11 3LW, UK
UKHW012035240726
13965UKWH00003B/817